# みほとけの推しほとけ

著
仏像大好き芸人
みほとけ

監修
鎌倉国宝館長
半蔵門ミュージアム館長
山本 勉

笠間書院

# はじめに

２０２３年12月某日、奈良県奈良市、スタイル抜群で麗しい阿修羅像でおなじみ、興福寺にほど近いホテルでこの原稿を書いています。

今日は仏像に会いに行くテレビのロケでした。明日は仏像に会いに行くイベントのお仕事です。これだけ、お寺や仏像関連のお仕事をさせていただいている身で、大したことない仏像本を書いたら閻魔大王に地獄行きを宣告されてしまう……。そんなプレッシャーと戦いながらこの本を書いています。

ごめんなさい、嘘です。本当は、思う存分、好きな仏像を仲良い友達に紹介する感じで書きました。嘘をついたので結局地獄行きです。

申し遅れました、お寺仏像大好き芸人の「みほとけ」と申します。本名の「みほ」と大好きな「ほとけ」をくっつけて、みほとけです。名前と好きなものをくっつけただけなのに贅沢な名前になってしまいました、どうかご容赦ください。仏像が大好きで、年間１０００体以上、これまで1万体以上は拝観しています。

１９９４年神奈川県鎌倉市に生まれ、大仏様のご加護と鳩サブレーの栄養で健やかに育ちました。幼い頃からアイドルになりたくて、14歳の時にＡＫＢ48のオーディションに合格したのですが、親の反対で活動辞退。慶應義塾大学の看護医療学部に進学するも、夢を諦め切れずにアイドルとしてデビュー。「ＷｅｎＤｅｅ」という、仏像でいう善願寺腹帯《はらおび》地《じ》蔵尊《ぞうそん》くらい知る人ぞ知るアイドルグループで活動しながら、「ミス鎌倉」として地元鎌倉を紹介するさまざまなお仕事をさせていただきました。

その後無事に大学を卒業し看護師の資格を取得したのですが、就職はせずアイドル活動を継続。そしていつの間にか、ＳＮＳなどで仏像にまつわる発信も始めていました。

実は、高校生の頃から仏像を好きになっていたのです。きっかけは、高校の修学旅行で京都にある六波羅蜜寺の空也上人像を見たこと。ガリガリでボロボロの身なのに力強く歩む姿、口から出ている六つの

仏も妙に尊い……忘れられない衝撃的な出会いでした。そんな空也上人像のカッコよさや、大学時代にミス鎌倉のお仕事で行った建長寺の節分での大きな法要の迫力が忘れられず、大学卒業後、アイドルをしながら、仏像の広報活動を行うようになったのです。誰にも頼まれていないのに。

広報活動をしていくうちに、ただ情報を伝えるのではなく、面白く伝えるほうがみんな興味を持ってくれる、ということに気づきました。なので私なりの伝える工夫として、仏像なりきり（ものまね）をしたり、フリップを使ったネタを作ったりして、いわゆる「お笑い芸人」の領域で活動を始めたのです。そうしたら、今もお世話になっている浅井企画から声をかけていただき、正式に「仏像大好き芸人」としてデビューすることができました。

そこから少しずつ私のことを知ってくださる方が増え、テレビ・ラジオ・雑誌・イベントなど、メディアの種類やお寺の宗派を問わず、そして仕事もプライベートも関係なく、無我夢中で活動させていただいております。

このような私ですが、この本では私の「推し」の仏像、すなわち「推しほとけ」のあれこれを、喫茶店で友達におしゃべりしているみたいに紹介させていただきます。

厳選した48の仏像を私なりのグループ分けで章立てました（48を選ぶだけでかなり悩みました）。アイドルでいう、コンセプトごとの「ユニット分け」のような形です。ちなみに48という数字は、ＡＫＢ48の48であり、阿弥陀如来の四十八願の数でもあります。また、その仏像に出会った時の素直な感想や、お寺の人との出会い、現地で聞いたお話など、オリジナルな情報を残すことなく書こうと心がけています。

この本を読んで、仏像っていいなと思ってもらえれば幸せです。願わくば実際にお寺に足を運んで仏像と出会っていただきたいです。いろいろな土地でさまざまな仏像と出会うことで、この街にはどんな仏様がいるのかな、と毎日ワクワクするようになるはずです。そんな楽しい仏像と仲良しの世界に、皆様をご案内いたします。

みほとけ

序章

# 仏像の魅力と基本

仏像の推し語りを始める前に、より仏像の魅力が伝わるよう「仏像の魅力の三大ポイント」と「仏像の基本情報」を簡単にお伝えしたいと思います。

まずは仏像の魅力を語る上で大切な要素について。私は大きく三つあると思います。

一つ目は「信仰」です。仏像は一にも二にも信仰の対象です。どれだけ美しくても拝まれていなければグッとこないし、逆にボロボロでも仏様の役割を果たしているとグッときます。例えば、長年村で拝まれた仏様を戦火から守るために土に埋めて隠し、ぼこぼこの木の塊みたいになってしまった仏像が、今なお拝まれ続ける様には胸打たれます。

二つ目は「歴史」です。仏像が造られた背景や、どのように現代まで守られてきたのか、どんな仏像にも必ずそれぞれの歴史があり、そこにロマンがあります。

三つ目は「美術」。仏像は時代や土地の美意識が色濃く反映されています。布がリアルにうねる超絶技巧なのか、逆に記号的か、ヘタウマか、などなど。その時代や作者の感覚を仏像は教えてくれます。

信仰・歴史・美術、この三つが光の三原色のように混ざり合い、その仏像にしかない唯一無二の輝きを放ち、私たちの心を動かします。

この本は、そんな三つの観点から仏像について語ってまいります。

次に、仏像の基本情報をお教えしますね。仏像とは、仏をかたどった像のことです。仏とは、「ブッダ」つまり「悟りを開いた人」のことを指します。

2500年前、仏教を始めたのがお釈迦様です。彼の本名はゴウタマ・シッダールタ。インドのシャカ族という貴族の生まれ。何不自由ない生活を送っていましたが、城の門から「老人・病人・死人」を見てショックを受け、生きていること全部が苦しいじゃん、という悩みのどん底に落ちた人物です。次には城の外で修行する人を見て、29歳で一切を捨てて出家をします。苦行の生活を経てなお悟りを開くことができず、瀕死状態のところで村娘スジャータの捧げる乳粥で体力回復。菩提樹の下で瞑想して、35歳でついに悟りを開き、ブッダになるのです（ブッダ＝昔のインドの言葉で目覚めた人の意味）。次はインドを遍歴して多数の人に説法して、弟子をたくさん抱える仏教集団ができ上がっ

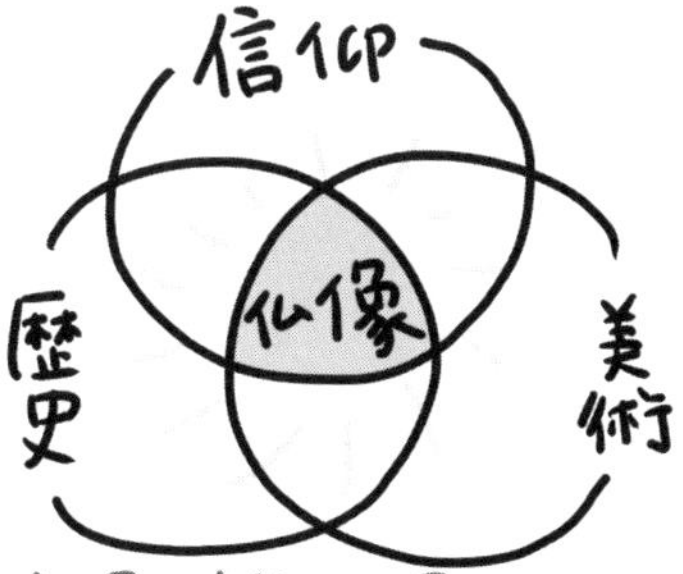

ていきました。そして、80歳で沙羅双樹のもとで横たわって涅槃に入る、つまりお亡くなりになります。

そんなお釈迦様をモデルにした像が仏像の始まりです。仏像が造られ始めたのはお釈迦様が亡くなって500年後です。1000年、2000年、と時間が経つ中で仏教の内容がどんどん発展し、仏像の種類も豊富になり、今日に至りました。

仏像には四つの位プラスαがあります。「如来・菩薩・明王・天」が四つの位。プラスαとは「カミ・高僧」などです。

如来とは、悟りを開き最高の境地に至った存在。布教の旅をしていた時のお釈迦様がモデルで、煩悩がないから地味で静かなポーズをしています。アクセサリーなし、頭はブツブツの螺髪《らほつ》で、糞掃衣《ふんぞうえ》を着てます。釈迦如来、薬師如来、阿弥陀如来、などがこのチーム。

菩薩は、悟りを開くために修行中の存在。あとちょっとで如来になる段階なのでかなり高みにいます。最後の修行は、私たち迷える人を救うこと。まだ煩悩がちょっとあるから、おしゃれをしちゃっています。インド貴族の姿をモデルに、冠、ブレスレット、ストールなどを身につけ、髪は綺麗に結い上げます。観音菩薩、地蔵菩薩、などがこのチーム。あ、お地蔵さんはお坊さんの姿ですね。

悟りを開いたシャカ

生まれたてのシャカ

涅槃に入るシャカ

説法をするシャカ

明王は、如来が姿を変えて怒りの表情で人々を導く存在。本当は如来という尊すぎて遠い存在だけど、煩悩に悩まされる我々に近いところまで降りてきてくれているのです。ビルの最上階で会社の業績を見ている社長が、困っている社員のもとに平社員のふりをして手助けに行く、みたいな。怒りの顔は、人助けのための必死の形相なのです。武器や蛇などを持ちます。不動明王、愛染明王、などがこのチーム。

天は、インドの神様が仏教に取り入れられ、仏の教えや修行する人を守る神となった存在。荒くれ者の神様や悩んでいる神様などが「仏教のおかげで救われたんだけど！」と仏教に参入。異教の神だった時代の性別や性格、格好を継承し、当時の強い力を持ってして守ってくれます。四天王、毘沙門天、弁才天、大黒天、などがこのチーム。

次にこれらの影響を受けて作られたプラスαのチームを二つ紹介します。

一つはカミの像、神像。天のインドの神様とは違って、日本に昔からいる神様です。日本の神はもともと山や岩など自然のどこかに宿るものであって姿を見せないのが基本でしたが、仏像の影響を受けて、「神の姿はこんなです」という像が作られるようになりました。

二つ目は高僧の像。偉いお坊さんって弟子や民衆に礼拝される対象になるんです。礼拝されるべく刻まれた偉いお坊さんの像が高僧像です。空也上人像、弘法大師像、鑑真和上像などが有名です。

仏像とは一番狭い意味では、如来の像のことを指すのですが、一般的には如来・菩薩・明王・天のことをひっくるめて仏像と呼びます。また、高僧像も神像も、広い意味で仏教に関連する像として仏像と呼ぶことが多いのです。

仏像がインドから中国に伝わり、朝鮮半島を経て日本に入ってきたのが飛鳥時代。約1500年間、日本で仏像は拝まれ続けています。この間、インドや中国で発展した仏教を、日本は輸入して一生懸命勉強してきました。直接のお手本は中国でしたから、その時代の美意識や、最新の教養を反映した中国の仏像を真似ていきます。

一方で、僧侶の研鑽によって、日本独自の宗教観が熟成して、それが仏像の表現にも影響したり、また日本の素材の特徴をよく生かした仏師の技術が開花したりして、他の仏教国では類を見ないほどの多彩な仏像大国へと発展したのです。

こんなふうに、ものすごく奥が深くて、そして少し愉快な日本の仏像の世界へ、これから皆様をご案内してまいります！

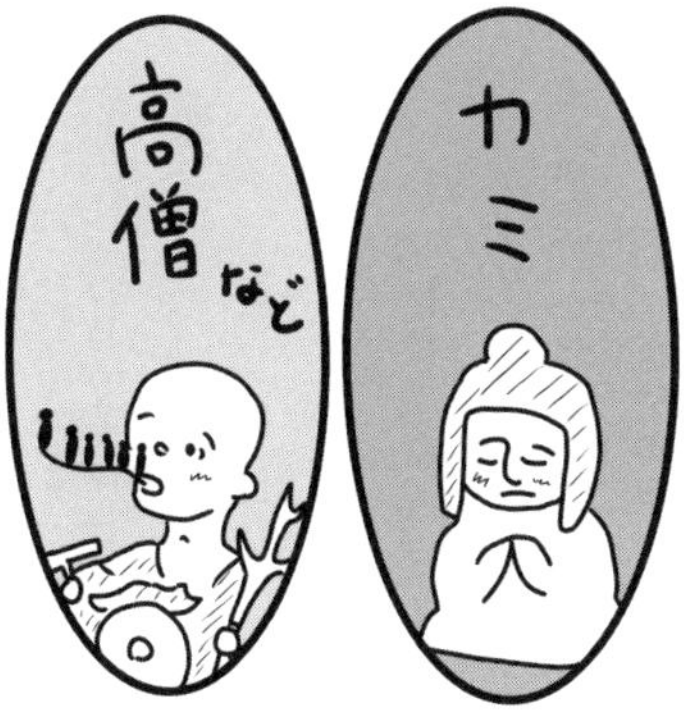

## ◉目次◉

## 第3章 ハートを射抜くイケメンほとけ



## 第4章 ビジュアルが強いほとけ



## 第5章 かわいい愛されほとけ

## 第6章 アクロバティックなほとけ

## 第7章 大地が生んだほとけ



## 第8章 歴史ロマンあふれるほとけ

## 第9章　ご当地スターほとけ



## 第10章　ほとけになった素敵な人

仏像の名前については、通称や略称で表記したものがあります。
また、仏像の由緒や制作時代・年代については諸説があるものも多く、
本書に示したことが絶対ではありませんが、ご了承ください。

# 第1章

# やっぱり最高！有名すぎるほとけ

誰もが認める国民的アイドル、仏像界のセンター

# 興福寺　阿修羅像

## ◎たぐい稀なるスター性の秘密

初対面の人に「私は仏像が好き」と伝えると、必ずといっていいほど「じゃあ阿修羅像が好きなんだ！」と言われます。このように、たとえ仏像に興味がない人でも知っている興福寺の阿修羅像。アイドルグループ〝仏像〟があったとしたら、絶対にセンターを務めるような存在です。

阿修羅像を含む興福寺の八部衆立像が造られたのは奈良時代で、平城京を中心とした古代国家が最も栄えた時期です。興福寺は藤原氏が建立したプライベート寺院にして巨大寺院。発願《ほつがん》者（オーダーした人）は藤原家の生まれの光明皇后《こうみょうこうごう》。母 橘《たちばなの》三千代《みちよ》の供養のために造りました。文化の中心部で、堅固な信仰心と潤沢な予算、一流の仏像制作工房により造られたのが阿修羅像なのです。これほどの仏像が日本に残っていることは世界に自慢できます。ありがとう光明皇后！

おまけメモ

人気爆上げのきっかけ：2009年に開催された東京国立博物館「国宝　阿修羅展」の動員人数は2カ月で94万人以上。150年の歴史上最多記録（2024年1月時点）。

◆寺院名＆仏像名：興福寺　阿修羅立像
◆宗派：法相宗
◆時代：奈良
◆エリア：奈良県奈良市

阿修羅像は、脱活乾漆《だっかつかんしつ》造りという方法で造られました。心木と塑土《そど》で原型を造り、その上に麻布を漆《うるし》で重ね、漆が固まったら中の塑土をかき出し、表面に木屎漆《こくそうるし》という、漆の混ぜ物を盛り上げて形を造り、彩色を施して完成。この造り方だから、阿修羅像は指先、顔つき、肉づき、微細なニュアンスまで調整された完璧なバランスが実現できたのです。しかも体内は空洞なのでとっても軽い。超スマートなモデル体型。だから興福寺に火災があった時でも、ひょいと持ち上げて助け出すことが叶ったというんです。

腕が6本あるのに、6本ある感じがしないのがすごいですよね。これは仏像なりきりをして分かったのですが、腕が少しでも上がったり、下がったりすると、途端に違和感満載になっちゃうんです。手首の角度、ひじの曲げ方も同様。しかも顔が三つなのにそれも自然にまとまっています。腕は人間より細くて長いし、逆に顔を三つ支えるために首は太め。たくさんの腕と顔が調和するよう計算し尽くされた美ボディなんです。

お顔が美形だというのは周知の事実ですが、三つのお顔には秘密があります。阿修羅とは、元はインドの戦いの神でしたが、お釈迦様の教えを聞いて仏教に帰依し、仏教を守護する神となりました。そのお顔は、お釈迦様と対峙した後の悟りの深度を、3コマ漫画のように表しているんです！

向かって右の顔は「争いをやめて仏教に帰依すべきか」とまだ考えている顔。キッと睨

おまけメモ

仏像なりきり：みほとけ（著者）が趣味で行っている、画用紙や布や小道具を使って仏像の姿になりきって写真を撮ること。仏像が好きすぎるあまり、その姿を真似して、人に発表したいという願望によって始まった。

みつけ、自分のプライドと闘っていますね。向かって左の下唇をギュッと噛む顔は、ついにお釈迦様に諭《さと》されて観念し「ぐぬぬ、お釈迦様いいこと言うじゃねぇか〜、もう私の反省の気持ちを認めるしかないか〜」という最後の踏ん切りをつけた直後ですね。真ん中の顔は仏教の守護神になることを決意し真っ直ぐ前を見つめ「はい、もう私はお釈迦様のトリコです」という顔。この刹那的な表現の見事なことよ。だから、拝む人の心にキュンとくるのだと思います。「よくぞ決意してくださった阿修羅様！」と言いたいです。

　実は、阿修羅像は、〝八部衆〟という8体セットの仏像の1体です。8人グループの一員なんです。大切なので2回言いました。覚えてください。他の八部衆も同様に元はインドの仏教の守護神。この八部衆がどれも素晴らしいのなんの！　どのキャラもどこか幼さを感じさせる統一感がありながら、それぞれの個性が輝いていて、細部まで抜かりのない尊像。さらに好きなのが、阿修羅像にもある、拝む人の気持ちを汲《く》み取ってくれるような切実さを兼ね備えているところなんです。特に沙羯羅像《さからぞう》は幼な子のようなひたむきな表情にグッときます。このような八部衆の切なさと儚《はかな》さは、発願した光明皇后の、母を供養する気持ちがそのまま形になっているんじゃないかと思います。時代を超え、亡き母を想う気持ちに心を通わせることができる八部衆像、とんでもないグループですよ。

　仏像界のトップアイドルユニット、興福寺にあり！

おまけメモ

帰依：仏を信じその教えに従う、仏に全てを捧げる、という意味。ちなみに「南無（なむ）」は「帰依します」という意味の古いインドの言葉。「南無阿弥陀仏」で「阿弥陀様に何もかもお任せします！」という意味。

大きさにとらわれることなかれ、隠れイケメン日本代表

# 高徳院　鎌倉大仏

## ◎与謝野晶子も美男だと言い切った

私の地元である鎌倉の誰もが知る有名大仏、「鎌倉大仏」。個人的にも、この仏像に対する想いは超大盛りです。想いが強すぎて、いったい何から書いていいのか分からなくなりますが、まずは一番好きな〝ビジュアル〟のことから書きますね。

鎌倉大仏って、めちゃくちゃイケメンなんです。大きさのインパクトが強すぎて、ビジュアルの話にまで到達しにくいですが、この際存分に語らせてください。

まずお顔は、膨らみの少ない引き締まった頬に、小鼻が小さくスッと下に落ちるような高い鼻、唇と顎《あご》は写実的。ムニッと膨らむ曲線に惚れ惚れします。その唇の上には、リップラインを強調するような線が刻まれています。これが私はキュートで好き。目は切れ長で、上品に深く長く弧を描く眉、肉髻《にっけい》が低く引き締まった印象の頭。頭は前に出て肩が大きく重厚感があるが、無駄に太ってはいない。がっしりとした強さがあります。

## 美男すぎる!!

- 寺院名＆仏像名：高徳院　阿弥陀如来坐像
- 宗派：浄土宗
- 時代：鎌倉
- エリア：神奈川県鎌倉市

衣は上品に波うち、本当に布を1枚羽織った時のようなリアルさがあるんです。特に膝下や手元のあたりに深くシワが寄る部分の「動き」にはうっとり。私も一緒に包まれたくなります。これだけ私が「イイ！」と語りたくなるのも、鎌倉大仏は造立された鎌倉時代中期の最高傑作といえるものだからです。当時大活躍していた慶派の仏師の特徴に、中国・宋の影響が加わり、うまくまとまった唯一無二の国宝です。

では、ここで私よりだいぶ先に鎌倉大仏をイケメンだと言い切った人をご紹介します。与謝野晶子さんです。

「かまくらやみほとけなれど釈迦牟尼は　美男におはす夏木立かな　晶子」

「仏様だけど、美男子じゃん！」って、言い切ってますね。ちなみに鎌倉大仏の境内の半分は森に覆われており、「夏木立かな」に夏の木漏れ日と涼風を彷彿《ほうふつ》とさせる情景に大共感。もしこれが「X（旧ツイッター）」に投稿されていたら、即いいね・リポストです。与謝野晶子さんの歌碑は境内の森の中にありますので、ぜひ見つけてください。

鎌倉の観光地としての歴史は鎌倉大仏とともに育った、といっても過言ではありません。鎌倉は幕府が滅びてから田舎に逆戻りし、江戸時代から観光地として活気を取り戻してきました。明治以降は横浜の外国人在留地から近いこともあって、外国人観光客がたくさん訪れました。スーツにステッキ、ハットというナイスなファッションの外国人たちが大仏

おまけメモ

慶派：鎌倉時代初めに活躍した運慶の系統をひく仏師たち。運慶の父、康慶が始めた。最初は名前に「慶」がつくものが多い。

の前で決めポーズを取っている当時の写真はたくさん残っています。しかも、ご陽気な方は大仏の手の上や膝の上まで登っていたり、和傘をさして決めポーズをしていたり。現在では大仏の上に登ることはできませんが、昔と同じようにご陽気な写真を撮っている観光客の姿はたくさん見られますよね。

ただ、実はこれほど有名な鎌倉大仏でも、造立にまつわる細かいことは分かっていないんです。鎌倉時代中期に造立されたことは確かなのですが、誰がどういう願いで造立したかは定かではない、不思議な存在です。

実は、今の銅の大仏の前に木の大仏があったそうです。その後倒壊して、同じ場所で改めて鋳造されたという、かなり珍しい巨像。よく見ると横線がピーッと規則的に入っているのは下から積み上げるように、段々と鋳造されていった跡です。

その後大仏殿という大仏を覆うお堂も建てられましたが、それも倒壊。名残として、お堂の柱を支えていた礎石が残っています。鎌倉大仏の周りに56個、直径2メートルもの巨大な平たい石が等間隔に並んでいるんです。ただ現在は、観光客には「ベンチ」としか思われておらず、いろんな人が座っています。鎌倉時代の貴重な歴史の名残なのに、面白いですね。私も礎石に座り、お尻から鎌倉時代を感じながら、イケメン大仏様を見上げている日々です。

**おまけメモ**

与謝野晶子のミス？：鎌倉大仏を「釈迦牟尼（＝釈迦如来）」と表現しているが、これは間違い。正しくは「阿弥陀如来」。なぜ間違えたのか、真意は分からない。

仏像界のトップに１３００年以上も君臨する〝ウチらの大ボス〟

# 東大寺　大仏

## ◎よく分からないけどデカくてありがたい！

東大寺の大仏は仏像界の大ボスです。大きさもさることながら、聖武天皇が「この国の全ての人のために祈りたいのじゃ！」とオーダーした国家レベルの大事業仏像というバックグラウンドも重要です。

聖武天皇は日本中に国分寺《こくぶんじ》・国分尼寺《こくぶんにじ》という全国を統治するための官立寺院を建立しました。東大寺はそれらの「親玉」。「全部ひっくるめて祈ってやるぜ！」という気概が、あの巨大な体に込められています。

東大寺大仏造立当時の７４０年代は疫病が広がり、中央では権力闘争、九州では反乱が起き、社会不安が高まった時でした。聖武天皇は待望の男子の後継となる息子にも早くに先立たれ、「ワシの国、かなりヤバくない⁉」と、危機感はハンパなかったと思います。そんな時に河内（大阪）の智識寺《ちしきじ》というお寺で〝毘盧遮那仏《びるしゃなぶつ》〟という仏様に出会います。こ

# ウチらの最強ボス！

- 寺院名＆仏像名：東大寺　毘盧遮那仏坐像
- 宗派：華厳宗
- 時代：奈良
- エリア：奈良県奈良市

の仏様は、全宇宙を統括する超巨大な存在です。その教えによって仏教への理解をさらに深めた聖武天皇は、743年「この乱世を癒し、国民の幸せと国家の安泰を願うには毘盧遮那仏をみんなで協力して造立する他ない！」と大仏造立を始めたのです。

　全国を行脚する僧侶行基が全国民から資金を集め、752年、東大寺大仏はなんとか完成しました。大仏造立の事業には全国民の半数以上が関わったといいます。これ以降、戦で燃やされたり、地震で壊れたりを繰り返しながらも、時の統治者と国民の勧進（仏様のためにお金を出すこと）で何度も立ち直ってきました。

　聖武天皇の願いは叶ったのでしょう。東大寺の大仏を通じてこの国の人の平和を祈る心は、今日までも伝播《でんぱ》し続けているように思います。近年の新型コロナウイルスの流行による混乱の際も、東大寺は日本中の宗派・宗教を超え、僧侶や神父とともに祈りを捧げると宣言しました。聖武天皇は「ほら！　大仏を造ってよかったでしょ！」なんて言っているかもしれません。だからこの国に生きる、私たちみんなの「大ボス」なんですね。

　さて、ではなぜあんなに大きいのでしょうか。先ほどしれっと書きましたが、この宇宙を統括する超巨大な存在だからです。超巨大にして、〝宇宙を統括する〟というスゴすぎて分かりにくい働きを「考えるな、感じろ！」と示してくれているわけです。期待通り、私はあの大きくて圧倒的な存在を前にしては息を呑み、「よく分からないけど、デカくて

おまけメモ

行基：飛鳥〜奈良時代に活躍した僧侶。全国を行脚し、布教した功績が認められ、東大寺を建立するための浄財を集めまくった実績と声望ある僧侶。日本全国に「行基が建てた」と伝説がある寺院は数えきれない。

ありがたい！」となります。現代は巨大建造物も珍しくないけれど、やはりこの国を1300年もの間背負ってきた〝デカさ〟にはひれ伏したくなる、ウチらのボスです。

ボス（もう敬意を込めてこう呼ばせていただきます）のポーズには、メッセージが込められています。右手のひらを前に向けて立てる「施無畏印《せむいいん》」、左手のひらを上に向けて膝に乗せる「与願印《よがんいん》」。右手で「怖くないですよ」、左手で「願いを叶えましょう」という意味を示します。私流に解釈すると「恐れることはない、私があなたの全てを受け止めよう！　どこからでもかかってきなさい！」となります。ボス～！　心強すぎます～！

先にも書いた通り、大仏は何度も壊れたり再建されたりを繰り返したので、奈良時代の造立当時のものはお腹回りと、台座の蓮の花弁くらいしか残っていません。腰回りは鎌倉時代、ボディやお顔は江戸時代のものです。ここまで読んでいただいた方なら「なんだ、江戸時代かよ」とはならないですよね。再建されていることが尊いと思うんです。やはり大ボスだからこそ、時代の動乱には巻き込まれるし、造り直すのも莫大な費用がかかります。それでもなお立ち直ってきていることを思うと、ありがたく感じますよね。

ただ、聖武天皇が今の姿を見たら、「だいぶ若返りましたなぁ！」なんて言うかもしれません。

おまけメモ

拝観ポイント：台座の蓮の花弁にも注目してほしい。「仏の世界ってこんな感じ」という、奈良時代に描かれた線刻画が施されている。

# 薬師寺　薬師三尊像

## ◎古代文化を代表する最高傑作の美仏

初めて奈良の薬師寺を訪れたのは高校の修学旅行でした。ただ、当時のことはほぼ記憶に残っていないんですよね。大人になって仏像好きを自覚し、改めてもう一度訪れた時にたまげました……。大感動！　こんなに巨大で艶黒《つやぐろ》に輝いていたっけ？　同窓会で久しぶりに会ったあの子が、超かわいくなっていたというパターンの、最上ランクの体験か？　いや、この場合は、当時から仏像は超絶美しかったはずなのに……。私は、修学旅行のガヤガヤに紛れて何も見えていなかったんだ。相手は国宝美人トリオ。その輝きが今なら分かる。私が仏像を意識する大人になってから、もう一度出会うまで待っていてくれたんですね！

勝手にセンチメンタルになってしまいました。失礼しました。奈良県にある薬師寺金堂《こんどう》の薬師三尊は、我を忘れておセンチになってしまうほど圧倒的な美を放っているのです。

- 寺院名＆仏像名：薬師寺　薬師三尊像
- 宗派：法相宗
- 時代：飛鳥時代または奈良時代
- エリア：奈良県奈良市

ご容赦ください。こちらの薬師三尊様は郷ひろみよろしく、「エキゾチック・ジャパン」の日本代表選手だと思っています。

薬師寺伽藍の金堂に入ると、中央に薬師如来、左右に日光菩薩と月光菩薩。薬師如来は坐像で像高が約2・5メートル、台座を入れて約4メートル、日光・月光菩薩は立像で約3メートルと、とても大きい。

薬師寺は飛鳥時代の末期、天武天皇が皇后の病気平癒のために造り始めました。しかし完成を前に天皇が崩御してしまい、皇后だった持統天皇が遺志をついで完成させたお寺です。そんな薬師寺のご本尊である薬師三尊像も、近い時期に造られた銅造の仏像です。完成当時は鍍金が施されていましたが、度重なる火災や経年劣化で金はほぼ剥がれてしまいました。今は黒くしなやかで重厚感のあるボディが、立派な金堂から正面を向き、開かれた三間の扉から差し込む自然光を反射して重々しい光をピカーーッと放っています。

それぞれのお顔は威厳と聡明さを感じさせるくっきりはっきりしたお顔。さらに、ボディの肉づきが若々しいことよ。大きな体に、ハリのある頬や唇、お腹、手足、指先は充実していて、妖艶な余裕があります。ボディのしなやかさは特に日光・月光菩薩が秀でています。胸・腰・尻をS字にカーブさせて左右対称にたたずんでいて、お腹のぷにっとした曲線には指を当ててなぞりたいです。この腰つきを真似てみたのですが、びっくり、私み

おまけメモ

薬師如来の台座：薬師如来と同時期に造られた四角い台座には、ギリシャ由来の葡萄唐草文様（ぶどうからくさもんよう）や、外国風の顔をした裸の力神、中国の霊獣などが施され、仏教伝来のルートをうかがえて面白い。

たいな貧相な体格でも艶《なま》めかしく魅力的なボディラインになるんです。ベリーダンスみたいです。リズミカルな衣の動きも素晴らしくて、銅という素材を完全に味方につけた動きがあるんです。一方、病気を癒してくれる薬師如来坐像は、人間の領域を超えた力があるに違いないと、黒く輝くボディで教えてくれます。

なぜこのエキゾチックな美仏が誕生したのでしょうか。日本に伝来したばかりの飛鳥時代の初期の仏像は、当時の日本人にとってはまだ「外国人タレント」でした。徐々に仏教のローカライズが進んで、この薬師寺薬師三尊が完成する頃に「ハーフタレント」になった。ちょうどエキゾチックとジャパニーズが交差する優雅なお姿なのだと思います。大陸から入ってきたいろいろな文化が、日本各地で現地の好みに合わせて作られるようになりました。それが飛鳥時代後期なのか、次の奈良時代の初めなのか、専門家の議論は続いているようです。

私からおすすめしたい薬師寺参拝のシーズンは、修学旅行生のいない真冬の寒い寒い時期です。もしくは朝一番。人が少ない時期に訪れて独り占めしてほしいです。古代文化の最高傑作、「高潔」とはこのことだと、自分の立ち位置を見失うほど引き込まれますよ。

**おまけメモ**

薬師寺東院堂　聖観音菩薩立像（国宝）：薬師三尊と同時期に造立され、同様にエキゾチック・ジャパンな魅力を放つ。薬師三尊のような重厚感や色気に加えて、可憐さも合わせた尊さがあり、拝観の際は見逃してはいけない。

# 第2章

# 癒しと色気の美ほとけ

僧侶人気ナンバーワン！ 密教美の集大成

# 観心寺 如意輪観音像

## ◎計算し尽くされたエロティシズム

大阪の河内長野《かわちながの》市にある観心寺。奈良県との県境、山間《やまあい》に広がる密教寺院です。山門をくぐって緩やかに長く続く階段を登り切ると、朱色の柱に白い壁の金堂が現れます。14世紀に後醍醐天皇の命のもと、楠木正成の尽力で建てられた国宝の建造物です。

真言密教の本堂らしく、大きな正方形の壇に密教法具がびっしりと並び、左右には胎蔵界・金剛界の両界曼荼羅《りょうかいまんだら》が掲げられています。そして、護摩焚《ごまた》きの煤《すす》が染み込んで黒くなっている須弥壇《しゅみだん》のど真ん中に御本尊が安置されています。秘仏のため、普段はお姿を見ることはできません。公開されるのは、毎年4月の2日間だけ。僧侶の読経と法話の後、厨《ず》子《し》の扉を開け、姿を現してくれるのが国宝如意輪観音菩薩坐像です。

まぁ〜〜〜、エロティックな美人！ 6本の腕を気だるそうに、でも美しいポジションで構えています。密教は欲望や煩悩を肯定し、つまり自身の全てを肯定し、煩悩のエネル

おまけメモ

須弥壇：お堂や仏壇で一番高い壇で、仏像や位牌が乗る場所のこと。仏教に説かれる世界の中央に聳え、多くの仏様が住む神聖な山、須弥山（しゅみせん）が語源。

ぽっくり エロティック…♡

# The 密教美！

- ◆寺院名＆仏像名：観心寺　如意輪観音坐像
- ◆宗派：高野山真言宗
- ◆時代：平安
- ◆エリア：大阪府河内長野市

ギーを悟りへ昇華するという教義。その密教特有の神秘性と官能性がたっぷり出ていらっしゃるのです。正直、密教の教えは文字で学ぶには難しいのですが、観心寺の如意輪観音像を拝観すれば、このお方が放つオーラに包まれて納得しちゃいます。

観心寺の如意輪観音は、平安時代前期、9世紀の作で嵯峨天皇の皇后 橘《たちばなの》 嘉智子《かちこ》がモデルという説もあるとか。他の観音様に比べて特に官能的なのは、実在した女性がモデルだからなのかもしれません。像高は109・4センチ。右の片膝を立て、うっとりとした目で頬づえをついて座っています。その余裕の佇《たたず》まいがエロさをさらにかきたてます。

このお方の仏像なりきりをプロのカメラマンさんと一緒にやりました。自分がなりきってみて分かったことは、6本全ての手のバランスが絶妙ということ。

特に感動したのは、右頬に当てる腕（第一手）と、右膝に乗せて数珠を持つ腕（第三手）。第一手は立てた右膝の内側にぎゅーっと折り畳まれ、第三手を右膝に乗せて外にだら〜んと下げる。このバランス！ 天才モデル！ この緊張感と脱力感がたまんないのです！

指先の一本一本も大変繊細です。私のガサツな指では到底再現できず、苦労しました。程よい加減で力が抜けた指先じゃないと、あれほどセクシーには見えないんです。

写真撮影中、カメラマンの幼稚園年長のお子さんが現場にいらっしゃって、もしやと思い手元を触らせてもらったのですが、まさにこの子の手元こそ、観心寺如意輪観音のそれ

**おまけメモ**

六道輪廻：六道は天・人・畜生・修羅・餓鬼・地獄という六つの世界（道）。六つの世界で生まれかわり死にかわりを繰り返すことを「六道輪廻」という。悟りによって六道輪廻の苦しみから逃れることが仏教の目的といえる。

でした。ふっくら滑らかでハリがある。子どもの尊さも加わっていたんだ。

全身もぷっくりと丸く、柔らかそうです。ひじの関節なんて、あるんだか分からないくらい。やはり無垢《むく》な赤ちゃんのようですが、余計なお肉はついていない成熟した女性のようでもあり……。エロティックに見える表情や体の角度、肉づきまで、このお像の作者は計算し尽くして造ったことが分かりました。これは体を木で彫った後、全体に木屎漆《こくそうるし》を盛り上げて、肌の柔らかい感じを表現していることにも関係がありそうです。手が込んでますね。

観音様の6本の腕は「六道輪廻《ろくどうりんね》」を表現していて、六道のどの世界にいても助けてくれます。また如意宝珠《にょいほうじゅ》の象徴ともいわれます。なんか……強そうですよね。私の説明では「なんか強そう」としかいえないのが悔しいですが、神秘的な力を持つからこそ人々を魅了する求心力があるんだと思います。

時にお坊さんに「一番好きな仏像は何ですか？」と質問すると、ほとんどの方は「観心寺の如意輪観音です」と答えます。皆さん、色っぽい観音様に惚れたと話してくれます。お坊さんって仏教の勉強はしていても、仏像に詳しいかというと話がちょっと違うんですが、それでも「すごい！」と意識せざるをえない存在、それが観心寺の如意輪観音様。僧侶人気ナンバーワン仏像なんです！（みほとけ調べ）

おまけメモ

如意宝珠：なんでも願いを叶えてくれる珠。サンスクリット語でチンターマニ。仏教の最高の功徳を象徴するもの。如意輪観音、地蔵菩薩などが持つ。みほとけが仏像なりきりをする時は玉ねぎで代用する。

# 秋篠寺　伎芸天立像

## ◎美のスパイラルカーブに酔いしれる

〝秋篠寺《あきしのでら》の伎芸天《ぎげいてん》〟といえば、仏像ガイドブックに「東洋のミューズ」というキャッチコピーで登場する超有名仏。長らく憧れていたのですが、アイドル活動をしていて金銭的に余裕がなかった私はなかなか遠征できず。何年も経ってやっとの思いで足を運ぶことができたのは２０１９年。深夜バスで奈良まで行き、現地の友人に車を出してもらって秋篠寺にたどり着きました。

山門をくぐった先の前庭には、むちゃくちゃモフモフ生えている綺麗な苔《こけ》が！　艶やかに苔が光る参道と澄んだ空気に、身が清められるよう。この日は年に一度のご開帳の日で、参道に行列ができていましたが、並びながら焦《じ》らされる感じがまたテンションを高めます。「これは……最高の出会いの始まりだ！」と。ついに庭を抜けると、砂が敷かれた境内に、鎌倉時代に再建の本堂（国宝）が見えてきました。堂々たる佇まいに、「これは中にいら

# 美のスパイラル

- ◆寺院名＆仏像名：秋篠寺　伝伎芸天立像
- ◆宗派：単立
- ◆時代：奈良（頭部）、鎌倉（体部）
- ◆エリア：奈良県奈良市

っしゃるぞ……！」と、ワクワク感が最高潮に達します。薄暗い本堂に足を踏み入れると、須弥壇《しゅみだん》の角に立つ伎芸天様が……！「やっと会えた～～!!」。大きな感動で息が止まるかと思いました。それまで来ることができなかった辛さが全て清算された瞬間でした。中学生の時にAKB48の握手会で、何時間も並んでやっと前田敦子さんに会えた時、感動でそれまでのむさ苦しい待ち時間を忘れてしまった時の感じでした。目の前に立つ伎芸天は写真で見ていたよりも何倍も美しい……気がついたら手を合わせていました。

秋篠寺は、奈良時代の終わり頃、光仁天皇の勅願で建てられたと伝わりますが、多くが謎に包まれる神秘的なお寺です。ご本尊は薬師如来坐像。脇侍に日光・月光菩薩、十二神将像と「薬師オールスターズ」が須弥壇中央に並びます。さらに堂内には、地蔵菩薩や不動明王、帝釈天、五大力菩薩、愛染明王なども安置されています。多くが奈良～平安時代の古作で、新しくとも鎌倉時代に造られたそうです。かなり濃厚な仏《ブッ》空間に驚きです。

やはり中でも際立って美しいのが東洋のミューズ様。高さは2メートル5センチもあり、存在感は半端じゃないです。放たれるオーラまで入れたら、プラス10メートルくらいは空間を掌握しています。ただ、不思議と威圧感はないんです。パーソナルゾーンに「入っていいですよ」と、そっと招き入れてくれるような優しさを感じます。アクセサリーが少なく、飾り気がないせいか？「むにっ」としたふくよかさや柔らかく結い上げられた髪の

おまけメモ

秋篠寺のご開帳：毎年6月6日に、太元堂の大元帥明王像がご開帳される。大元帥明王は明王界の元締め。髪が逆立ち、腕が6本あり、筋骨隆々、たくさん蛇を巻きつけた恐ろしい姿。香水閣（井戸）にこの姿が出現した伝説がある。

質感のせいか？　崇高さと親しみやすさのバランスが取れているんです。

それにしても、装飾品が布だけでこうも美しいとは。このエレガンスさは、ポーズのうまさに鍵がありそうです。顔、目線、肩、腰の角度が、少しずつ右下を意識したカーブを描いています。この螺旋階段のようなラインによって、空間に絶妙な奥行きが生まれているのです。これを私は〝美のスパイラルカーブ〟と呼ぶことにします。カッコつけて命名させてください。ほんの少しの傾きが、心を捉えて離さない魔性の美しさを感じさせます。

そして驚くことに、頭と体は別々の時代に造られています。頭は奈良時代の脱活乾漆《だっかつかんしつ》造りです。体は燃えてしまい、鎌倉時代に寄木造りで修復されました。つまり、頭と体は500年くらいの間が開いているのです。にもかかわらず、まったく違和感がありません。むしろ、顔と体のスパイラルカーブはピッタリと完成させられていて、美しさを際立たせています。鎌倉時代の仏像プロデューサー、優秀すぎる！

伎芸天とは、音楽を奏でているシバ神の髪の毛の生え際から、ポロリと生まれた女神。技芸や芸道、福徳などを守護します。実は、秋篠寺のお像は、本当に伎芸天かどうか定かではないのですが、お顔はよく見ると口に歯が覗いており、歌っているようにも見えます。だから伎芸天に間違いないと私は思います！　こんな綺麗なんだから、きっとご利益も相当でしょう。私はしゃべりの芸を極めたい人間なので、頭が床につく勢いで拝みました。

おまけメモ

秋篠寺の香水閣：井戸の水は、汲んでそのまま飲めるほど綺麗で、とてもまろやかな味だった。持ち帰りも可。あるおばちゃんは5リットルのタンクいっぱいに入れて持ち帰っていた。長生きしてほしい。

# 浄土寺　阿弥陀三尊

## ◎茜色の夕陽を浴びて輝く浄土の世界

私がいつか行きたいと、ずっと憧れ続けたお寺の一つが浄土寺《じょうどじ》。名前の通り「極楽浄土」を教えてくれる場所です。極楽浄土に行ったことがあるかと問われれば、もちろんまだないのですが、擬似体験をしたことはあります。それが兵庫県の浄土寺ででした。

浄土寺は、鎌倉時代の初めに平家の南都焼き討ちで荒廃していた奈良の東大寺を再興した僧侶重源《ちょうげん》上人が建立したお寺です。重源さんは、復興を後押しする拠点となる7カ所の寺（東大寺別所）を全国に置きました。その一つである播磨《はりま》別所が、この浄土寺にあたります。

浄土寺の代表的なお堂である浄土堂には、国宝の快慶作阿弥陀三尊像がいらっしゃいます。真ん中の阿弥陀如来立像は5・3メートル、両脇の観音菩薩像と勢至菩薩《せいしぼさつ》像も3・7メートルです。浄土堂自体も国宝で、中国・宋の様式を取り入れた「大仏様《だいぶつよう》」でできてい

# あかねさす〜

- 寺院名＆仏像名：浄土寺　阿弥陀三尊
- 宗派：高野山真言宗
- 時代：鎌倉
- エリア：兵庫県小野市

ます。この様式で現存するのは東大寺南大門とココだけなので、大変貴重です。太い柱がたった４本で屋根を支えています。柱間を広く取れるおかげで、西側の壁にある蔀戸《しとみど》から光がよく入ってくるのが、重要なポイントです。

お堂の中はよく磨かれたヒノキの床、屋根で複雑に交差する木組や柱は朱色、壁は白。色のコントラストが芸術品のようです。そして、注目すべきは夕刻。本堂の背後に西日が降りる瞬間になると西側の蔀戸《しとみど》から差し込み床に反射した光が、柱の朱色に染まり……、お堂全体が茜色に輝くのです！

さらに、光は阿弥陀三尊の金箔にも当たってスパーク！　ＢＧＭが流れるとしたら、映画『君の名は。』のシーンで隕石がビューンと落ちてくる時の挿入歌（「RADWIMPS」の「スパークル」）がぴったりです。時間の感覚がなくなるくらいの感動に包まれます。

私が訪れることができたのは２０２０年３月。春なのに極寒の日でした。昼間だったし、曇っていて太陽は見えず。お堂がスパークするタイミングは実は1秒もありませんでした（体験したことないのに熱弁してすみません）。それでも、十分すぎるほどに「浄土」を体験できました。それも、お堂と快慶作の阿弥陀三尊の魅力に他ならないのです。

参拝者の少ないお堂はぼんやりと暗く、夕陽のスパークは体験できませんでした。体験していないのに偉そうでごめんなさい。しかし、だからこそ経験できたことはたくさんあります。少ない光の中でも際立つ快慶仏の優しさを感じたり、浄土堂ができた時の様子を想像したり、360度拝観できるので後ろや横などいろんな角度から見上げたり、ほけ〜っと、ただ手を合わせたり、思う存分堪能できました。寒かったけど。

「阿弥陀といえば快慶」と称されるほど、快慶は、自然に手を合わせたくなるような美しい阿弥陀如来像をたくさん彫りました。中でも浄土寺の阿弥陀如来立像は手のポーズが通常と左右逆になっていたり、爪が長かったり、いろいろ特徴的です。これは宋の仏画を立体にしたからだとか。宋風のロングネイルは超オシャレなので、ぜひしっかり見てほしいです。菩薩像のプリッと捻った腰元などにも日本人離れした美的感覚を感じます。空から舞い降りてくる天女のようです。体は大きいのに威圧感がなく、暗い中からぽわっと浮かび上がってくるような存在感は、きっと夕陽を浴びることを前提に彫っているからでしょう。快慶、天才かよ。

補足ですが、すぐ横に浄土寺を管理する塔頭《たっちゅう》の歓喜院があり、そこの住職親子が手作りするおみくじつきの土人形が、めちゃくちゃかわいいんです！　最近人気が出て、入手困難になることもあるようです。土人形の温もりに触れて、こんなに立派な仏像も建築も結局は人の手で心を込めて造っているんだよな、なんて、つくづく思うのでした。

おまけメモ

おすすめ拝観時間：浄土堂が「リアル浄土」のように光る、西日のスパークを体験したいなら、夏場は16〜17時頃、冬場は15〜16時頃がよいそう。

国宝十一面観音7の男役トップスター

# 聖林寺　十一面観音菩薩立像

## ◎三輪山信仰を一身に背負うハンサムな観音様

国宝指定の十一面観音菩薩立像は、国内に7体いらっしゃいます。

すでに私の脳内では、ＡＫＢ48の〝神7《カミセブン》〟ならぬ、〝国宝十一面観音7〟というアイドルユニットが組まれているんですよ。向源寺の十一面観音菩薩立像（Ｐ54）は飛び抜けた妖艶さを持つメンバーであるのに対して、聖林寺《しょうりんじ》の十一面観音菩薩立像は最もハンサムなキャラクターで人気を誇っています。

ただし、宝塚歌劇団の男役の俳優のような「ハンサム」です（これは聖林寺ご住職と話している時に聞いたことで、私も大変共感したものです）。女優さんでいえば、元宝塚の天海祐希さん的なスター性を持っています。己を極限まで高める特訓をしているけど、その苦労を他人には一切見せない。気高く、全ての人に平等で優しく、いつも相手の気持ちに寄り添う。そんな、女子が好きになっちゃうハンサムウーマン。ああ、好き……。

おまけメモ

国宝十一面観音７：向源寺（滋賀県）、六波羅蜜寺（京都府）、観音寺（京都府）、道明寺（大阪府）、法華寺（奈良県）、聖林寺（奈良県）、室生寺（奈良県）。

- 寺院名＆仏像名：聖林寺　十一面観音菩薩立像
- 宗派：真言宗室生寺派
- 時代：奈良
- エリア：奈良県桜井市

さらに、ある老僧に「隙がない美ですね」と称賛されたことがあるそうです。確かに、どこを切り取っても、引きで全体を見ても、完璧なんです。

まず、プロポーションがいいんですね。像高は約2メートル。蓮華座を含めると2・5メートル。もう見上げるほど大きいです。頭上にお顔を10乗せていますが、本面はとても小顔です（全てのお顔がイケメン）。肩は豊かに張り、腰はグッとくびれ、足はスラリと長くスタイル抜群！　それにお腹と胸いっぱいに息を吸い込んで、深い呼吸が伝わってくるようです。仏の呼吸です。

あと、手が美しいのなんの。指も手のひらもふっくら。洗い物をしたり、重いものを持ったりしたことがないような高貴な手です。指の角度も一つひとつが美しい。

空間を掌握するかのような、指先まで抜かりなく美しく止まるポージングに感動しない人はいないでしょう。舞台に立っていたら、そこにいるだけで観客の視線を釘づけにしてしまう存在感です。そしてスッと長い両脚にかかる衣も美しいです。左右対称に広がりを見せ、シワにはなんだか余裕を感じます。

肩にまとっているショールのようなものは「天衣《てんね》」と呼びます。以前、聖林寺十一面観音像の仏像なりきりをした時、天衣をトイレットペーパーで再現しようとして大苦戦しました。常人では、あんなに綺麗に着こなせないのです。どうしても重力で腕からずり落ちてしまう。もう地球上では再現不可能です。きっと仏様のいらっしゃる天上の世界は無重力なんでしょう。聖林寺十一面観音は、宇宙という無重力空間から、地球に降り立ち、今、我々を救おうとしてくれているんだ……！　そうに違いないです、はい。ああ、人間はなんてちっぽけな存在なんだ……と思わせてくれる、神秘的な美ですね。

お像は木心乾漆《もくしんかんしつ》造りです。木でだいたいの形を造り、木屎漆《こくそうるし》を盛り上げて肉づけし、表面を仕上げていきます。横から拝観すると腰回りが意外と太くしっかりしているんです。それは中心部分を太い一木から彫り出した、一木造りの仏像と同じで、大木を思わせる頼もしさと安定感があります。

現在は聖林寺に本体だけで安置されていますが、大変美しい「光背《こうはい》」もかつて存在し、わずかな残欠が保存されています。仏教でとても大切にされている「アカンサス」という植物の葉の文様が、非常に緻密《ちみつ》な表現で施された、すごく可憐《かれん》で素晴らしい光背なんです。これとセットで祀られていた頃は、オーラ倍増で超絶美しかっただろうな……。

実は、聖林寺十一面観音はなかなか波乱万丈な人生を歩んでおられます。奈良時代に東大寺の造仏所で造られ、願主は天武天皇の孫である智努《ちぬ》王ではないかと言われています。初めは奈良県桜井市にある三輪山《みわやま》に祀られました。三輪山は古代から神が宿る山として

おまけメモ

光背：仏様から放たれる光を表現するもの。聖林寺十一面観音菩薩の光背残欠からかつてどんな姿だったか、研究者によって復元されたことがある。細い線とアカンサスの意匠がとても綺麗だった。

信仰されてきました。その山麓にあるのが大神《おおみわ》神社。背後にそびえる三輪山がご神体です。

十一面観音は、この大神神社の神宮寺（神社を守るためのお寺のこと）である大御輪寺《だいごりんじ》の御本尊として祀られていました。１２００年近く大御輪寺に安置されていましたが、明治元年の神仏分離令の際、聖林寺にやってくることになります。

神仏分離令は「神様と仏様は別物だから分けて信仰しなさい」という、国家神道を確立させたかった明治政府の政策です。それまでの日本では神様も仏様も一緒に祀ってきたのに……。これが発端となって日本各地が混乱し、神社の中にある仏教的な部分が壊されました。もちろん仏像も破壊され、お寺に火をつける人まで現れました。そこで当時の大御輪寺住職が「これはやばいことになった！　聖林寺さん、ちょっと預かってください！お願いします！」と、預けるのです。しかし、その後大御輪寺は「若宮社」という神社に変更され、戻る場所がなくなってしまったので、今日まで聖林寺に祀られることになりました。

時は過ぎ、１８８６年、当時は聖林寺のお厨子の中に秘されていた十一面観音様ですが、アメリカのフェノロサがやってきてお厨子を開け、その美しさに驚愕。その後すぐ国宝に指定され、拝観するための環境が徐々に整っていき、今、晴れて一般人も拝むことができる運びになりました。フェノロサさん、ありがとう。

**おまけメモ**

聖林寺への引っ越し：「覚（おぼえ）」という明治元年の覚書きも現存する。「秘仏八尺余　本尊十一面観音一体　御一新（明治維新の意味）につき当分の間預かる」と書かれ、大御輪寺と聖林寺のサインが入っている。

なんという波乱万丈。日本の信仰の歴史を全部、一人で体験しているかのようです。こんな苦労を経験しているのに我々の前では余《よ》裕《ゆう》綽々《しゃくしゃく》たるお姿で存在しているからかっこよすぎます。守り伝えてきた人々の苦労もすごいですよ。そんな歴史を知ってから改めてお姿を拝すると、涙が込み上げてきそうです。

2020年、十一面観音様を祀るお堂が老朽化したことに伴う、観音堂再建プロジェクトが動き出します。住職は改修のためのクラウドファンディングをスタート。全国をかけ巡って講演をし、3回のクラウドファンディングを実施しました。その結果、各地からたくさんの支援があり、1億円を超える金額を集めることに成功！ 本当はもっと国が補助してあげるべきなのに、という憤慨の気持ちも隠せませんが、それでも民間の力でここまでできたのがすごいことです。ご苦労をリアルに聞いていたこともあって、1300年もの歴史を守ることって本当に尊いことなんだと実感します。私がこうやって本で語らせていただいていることが、未来に継承する何かの助けになればいいなと願っています。

おまけメモ

フェノロサ：アメリカの東洋美術史学者。古寺社の宝物調査を行い、日本古来の文化財を高く評価した。全国に秘されていた仏像のお厨子を開けて、仏像の保護を訴えたため、著者は「お厨子開きマン」と呼んでいる。

# 向源寺　十一面観音菩薩立像

## ◎モデルのように颯爽と登場する観音様

〝国宝十一面観音7《セブン》〟の他メンバーもご紹介します。向源寺《こうげんじ》の十一面観音菩薩像です。彼女は飛び抜けてゴージャスでグラマラスだな〜と思っております。

　高さが約2メートルある、平安初期に造られた一木造りの像。十一面観音の一番の特徴といえば、頭に乗せた「頭上面《ずじょうめん》」です。向源寺の場合は、頭上面が一つひとつ大きくて、パフェのようなモリモリのボリュームがあります。頭の上に乗り切らないのか、耳の後ろからも顔を出しています。そして後頭部には「暴悪大笑面《ぼうあくだいしょうめん》」という、悪を笑い飛ばす怖い笑顔の面がついています。結い上げた髪の毛をかき分けた中からその面がグワッと出ていて、本当に怖いんですよ。

　そして身につけているネックレスも大ぶり、イヤリングも大きなボタンのよう。宝冠からは足元の台座まで届くくらい、長いリボンが垂れています。頭上面のボリュームと表情

◆ 寺院名＆仏像名：向源寺　十一面観音菩薩立像
◆ 宗派：浄土真宗
◆ 時代：平安
◆ エリア：滋賀県長浜市

の強さと、アクセサリーと、とっても豪華です。叶姉妹みたいです。

　体は「く」の字に腰を曲げていて、すっごくセクシーです。腰つきは正面から見ると細いのに、横から見るとボリュームがあってお尻も大きい。このトリックアートのような体に不思議な安心感を覚えます。やっぱり叶姉妹です。

　以前、番組の取材でインドを旅した時に見たあちらの女神像は、大ぶりのアクセサリーをつけて、頭上面は「もう乗らないよ」っていうくらい、ギッチギチに高く積み上げられていました。そういった濃厚な雰囲気が、向源寺の観音様にも宿っているなあと思います。

　しかし、目を凝らして見るとところどころに日本を感じます。例えば、衣には「翻波式《ほんぱしき》衣文《えもん》」という日本の仏像独自の表現が施されています。異国と日本、それぞれの文化がミックスされた仏像なんです。

　衣は「もしかしたら大理石の彫刻ですか?」というほどリアルで鋭くて、体の動きのままに大胆に動いています。だからギリシャ彫刻にも見えるんですよね。前方から風を受けているのか、もしくは観音様が前進しているのか……。両足の太ももの内側に布がブワッと巻き込まれ颯爽《さっそう》とモデルウォークをしているみたいだったんです。

　収蔵庫で、ぐるっと３６０度拝観できるようになっています。特に斜め後ろ45度くらいから見ると、観音様が前傾姿勢で前へ進んでいるように見えます。この角度が特におすす

**おまけメモ**

翻波式衣文：太く丸い衣文線と細く尖った衣文線を交互に波打つように繰り返す彫り方。向源寺十一面観音像の膝の下、室生寺釈迦如来像（P72）の下半身にとても綺麗に見られる。

め。「はい、今向かってますよ〜」と、私たちのもとに駆けつけてくれているようなんです。

お寺の来歴は、だいぶ複雑です。琵琶湖の北東部（湖北地区）にある向源寺は地域の人には、「渡岸寺《どうがんじ》観音堂」と呼ばれます。創建当初は「光眼寺」という天台宗のお寺でしたが、戦国時代に浄土真宗に改宗し、「向源寺」に名前を変更しました。そこで問題が発生。浄土真宗は阿弥陀仏以外を祀らない宗派なので、境内に渡岸寺観音堂を造り、その中に十一面観音を祀りました。ちなみに、渡岸寺は寺の名前ではなく、集落の呼び名です。

さらに観音様は織田信長と浅井長政の戦乱で、火災の危機に遭います。その度に、「観音様が燃えちゃう！」と村人たちが協力して境内に穴を掘り、埋めて隠したそうです。

改めて観音様のお姿を目にすると、繰り返し穴に埋めて掘り返されていたとは思えません。なんて綺麗なお姿なのでしょう！　ゴージャスでグラマラスなお姿をほぼ完璧に守りぬいた、村人の観音様を想う気持ちにもあっぱれ。もちろん後世になって修復もしているでしょうけど、そんな歴史もすごすぎる観音様には手を合わさずにはいられません。

**おまけメモ**

琵琶湖東北部の特徴：湖北地域、ないし滋賀県長浜市は「観音の里」と呼ばれる。観音の里については正妙寺千手千足観音菩薩像（P102）を参照。

当時のアーバンシティ南山城のギャル

# 禅定寺　十一面観音菩薩立像

## ◎意志の強いオシャレで大きな美観音

南山城《みなみやましろ》は、京都府の南端、奈良県と隣接するエリアで、山間《やまあい》に木津川という綺麗な川が流れています。自然が豊かで風光明媚な茶畑が広がり、宇治茶の主産地としても現地の人が誇りを持っている地域です。

奈良と京都、どちらの都からも近いため、人の往来が多かったのでしょう。飛鳥時代には日本最古級のお寺ができて、奈良時代には東大寺の影響も受けました。平安時代は密教や修験道の修行の聖地になり、以降も多くの修行者が観音や文殊菩薩の里として崇《あが》めてきました。利便性も優れていた場所で、人々の祈りの土地として栄え、素敵な仏像も数多く生まれました。

現在の南山城は再開発があまり進んでいないことが幸いして、今でも神仏が静かに存在し続けているような空気感が漂っています。大好きな土地です。

◆寺院名＆仏像名：禅定寺　十一面観音菩薩立像
◆宗派：曹洞宗
◆時代：平安
◆エリア：京都府綴喜郡

そんな南山城で一番初めに出会った仏像が、禅定寺《ぜんじょうじ》の十一面観音様です。

禅定寺は美しいお庭や茅葺《かやぶ》き屋根の立派なお堂に癒されます。また、境内にはかわいらしいお地蔵様がたくさん並んでいたり、願いを書いた絵馬なども数多く下がっていたり、お寺を守る家族や地域の人々の温もりを感じるアットホームさもあります。

「地域に愛されているんだろうな～」と、のんびりした気持ちで本堂にお参りしたのち、左手にある宝物殿に入ると、驚きの出会いにあふれた最高の〝仏空間〟が広がっていました。まず入って正面を見上げると、ドーンと美しく大きな十一面観音様。完全な不意打ちです。先程までのアットホーム感からは想像もつかない。「都～！」という感じの、あか抜けたギャルが目の前に立っていたのです！　そのギャップに、「ええっ！　言ってよ！」ととまどいました。

十一面観音立像は、991年に制作された、当初からの本尊と考えられる仏様です。身長は286センチ。3メートル近くありますから、まあまあ大きいです。さらになぜか1メートルくらいある台に乗っていて、なんでこんな高くしちゃったのかな、と思うくらい。私はグッと見上げました。不思議なセッティングです。そこもなんだか愛おしい……。

そして、どこかでカチッと音が鳴って「ようこそお参りくださいました」と、京都弁なまりのお寺ガイドが始まります。おそらくセンサーが人を感知して、ご高齢の住職さんの

おまけメモ

禅定寺の歴史：平安時代の中期に東大寺の別当平崇上人が建てたお寺。藤原摂関家との繋がりが深かったので広大な敷地にたくさんの堂塔が建てられた。戦国時代に廃れたが、江戸時代に月舟宗胡が再興。

音声案内を録音したカセットテープが、おもむろに回りだすんです。そこでまた大混乱です。地域の温もりに癒されたと思ったら都会的な美人を見て驚いて、またアットホームな世界に引き戻される……。

　十一面観音様のお顔は、丸くて小顔ながら各パーツが大きい。そして眉間の幅が広い。眉と眉の間が広いと、猫とかライオンの顔のような、猫科の動物っぽい印象を受けます。そして肩は丸くて首が短く、胸を張っていて「意志が強そうだな〜」と感じる、堂々としたお姿です。

　でも丸い曲線でできているからか、眉間の広さからか、どことなく小動物っぽさがうかがえて、かわいくてたまりません。ボディラインに目線を下げると、腰がキューッとくびれた後、お尻から下にズーンと下りていきます。しっかりと肉が張っていますが、決しておデブではない。一木造り独特の腰回りの太さが、安心感のある印象に直結しているように思います。

　腰から下に衣が降りているのですが、動きが少なくシワの彫りが浅いのが可憐さを引き立てます。また、左右対称に着こなしていて、布のシワのリズム感もすごくいいのです。シュン、シュン、シュン、たまにクルンと回って、おしゃれですね〜。

　この浅い彫りで左右対称の衣の動きには宇宙っぽさを感じます。人工的な動きというより記号的な印象があるからです。だから聖林寺の十一面観音像（P48）と同じだ！　私は「観音様が宇宙空間から舞い降りてきている〜」、という妄想を繰り広げ、頭の中は宇宙へとすっ飛んでしまいました。しかし、妄想中、一緒に来ていた友人の動きを感知して再び喋《しゃべ》り始めたカセットテープの住職の声で「そうだ、ここは南山城だっんだ」と我に返ったのです。

この仏像ができた平安時代、南山城周辺は東大寺と繋がりの深いお寺が多かったので、禅定寺の十一面観音も、東大寺関係の技術者による造像だといわれています。立地条件よし、開基のお坊さんもよし、技術者よし、財源よし、で実現した大きな大きな美観音様です。ありがたいなぁ。

南山城エリアは、きっと当時のアーバンシティです。その時代の先端技術と美意識を取り入れた仏様がたくさん存在します。このエリアには禅定寺の他、浄瑠璃寺や岩船寺（P68）、蟹満寺《かにまんじ》など深遠な聖地が多くあり、一度この場所を知れば、南山城の〝沼〟へと確実にハマっていくことでしょう。

# 第3章

# ハートを射抜く
# イケメンほとけ

国宝にしたい！ イケメン

# 勝林院 阿弥陀如来坐像

## ◎問答会でピカッと光ったライトニング阿弥陀

誰にでも好みのタイプというのがあると思いますが、もちろん私にもあります。お恥ずかしながら私は面食いで、俳優さんやアイドルなどに人並み以上に夢中になる人生を歩んで来ました。重ねがさねお恥ずかしながら申し上げると、大沢たかおさんのようなお顔が好きです。

そんな私の好みど真ん中、ハートを射抜かれた阿弥陀様が、京都大原にある勝林院の阿弥陀如来坐像です。２メートル80センチの巨体で、大原の静寂な空気を背負いながら、圧倒的な存在感を放ちます。

こちらの阿弥陀様、仏像の王道からはちょっと外れる特徴的なお顔をされています。眉がシュッとつり上がっていて、目もつり目、顎《あご》がとがっていて、耳が大胆に外に跳ねており、顔が大きい。そして肌にハリがあって青年っぽいのです。特徴が強い分、好きな人は

◆寺院名＆仏像名：勝林院　阿弥陀如来坐像
◆宗派：天台宗
◆時代：江戸中期
（顔など部分的に、より古いものが残る）
◆エリア：京都府京都市

深く好きになってしまうというお顔です。私のように。

仏様にこんな欲を丸出しでいいわけない。でもときめいてしまったんだから仕方がない。この気持ちは認めてください、すみません。

勝林院は、京都大原の山の中、三千院の山門を通り過ぎ、小さな川を越えた奥にあるお寺です。その川は「三途《さんず》の川」にたとえられ、越えると「あの世」という世界観があります。川を越えたら勝林院の境内は目の前で、まず広くて青々とした苔《こけ》の庭に目を奪われます。庭の先には18世紀に再建された欅《けやき》造りの立派なお堂が構えており、中に入ると瑞々しい輝きを放った阿弥陀様がいる極楽浄土の世界。私はそのお姿を目にした瞬間、「あぁ、救われた……」と思いましたね。

阿弥陀様の手からは五色《ごしき》の綱が参拝者の位置まで伸びていて、綱を握ることで結縁《けちえん》ができます。かなり分かりやすくいうと、握手ができるんです。私もそっと綱を握ってより近くに阿弥陀様を感じさせてもらいましたが……、こんなのもっと好きになっちゃうに決まってるじゃないですか！　気がついたら握手をしながら「いつも応援してます」と伝えていました。「ありがと〜」とにこやかに答えてくれた気がしました。「推し」との最高の握手会を実現できたのです。

そして、実は、私の妄想の中で阿弥陀様が「ありがと〜」と返事してくれたように、阿

**おまけメモ**

五色の綱：黄、白、赤、紫（黒）、緑（青）、の５色で形成される紐。仏教の五大要素、地・水・火・風・空を表す。仏教の教えを象徴し、仏教世界の尊さを示すもの。

弥陀様自身がある形で意思表示をしたことが伝承されているんです。

勝林院は、１０１３年、寂源《じゃくげん》上人が開いた天台宗のお寺です。さまざまな修行をする中で、中国から伝承した声明《しょうみょう》も積極的に修していて、後に根本道場として発展しました。たくさんのお坊さんが勉強や論議をしていたのです。１１８６年に行われた大きな問答大会、「大原問答」は今でも伝説として語り継がれています。

その会では、浄土宗を開いた法然上人を招いて、比叡山延暦寺や東大寺などのお坊さんとともに、阿弥陀様の教えについて問答を交わしました。法然さんは「阿弥陀様は念仏を唱えれば極楽往生させてくれるんじゃ！（意訳）」と主張しました。

その時です！　なんと阿弥陀如来坐像が「それ、正しい〜！」といわんばかりに、ピカーッと光ったのです。法然上人も周囲のみんなも、相当びっくりしたでしょうね。こりゃ間違いないわ、と喜んでその後三日三晩絶えることなくお念仏を唱えたそうですよ。なので勝林院の阿弥陀様は「証拠の阿弥陀」と呼ばれています。今でも浄土宗の檀信徒の参拝は多いそうです。

こんな話があるもんだから、私にもいつか光って返事をしてくれるかも？　という希望が捨てきれません。きっと阿弥陀様は、こんな半端な人間には光ってくれないと思うけど、いつか私にもピコンと光ってくれるように、日々精進していきたい次第です。

おまけメモ

声明：お経にメロディのような節をつけて唱えるもの。現在もさまざまな宗派でお唱えされている。京都の大原を中心に伝承された天台声明は邦楽の源ともいわれている。

プロ向け!? ちょっと厳しいコーチ

# 岩船寺 阿弥陀如来坐像

## ◎好みの体型ど真ん中！ 私の〝推しメン〟

岩船寺《がんせんじ》は、奈良県との県境に位置する京都の南山城《みなみやましろ》にあります。このエリアは仏像好き界隈では〝胸熱〟ゾーン。平安時代、南山城は交通の要所でもあったため、素晴らしい仏像がこの地に集まりました。

岩船寺本尊の阿弥陀如来坐像の第一印象は、まずデカい！ です。3メートル近くある丈六《じょうろく》の仏像ですが、実際の大きさ以上に大きく感じるんですよね。放つオーラが強いこともあって、体が大きく感じるのでしょうか（それか頭がデカい?）。また、お香が満ちる本堂の中には、鎌倉時代の四天王《してんのう》像や密教法具、お供物、そして阿弥陀如来坐像。背後には平安時代の普賢菩薩像や室町時代の十二神将像なども立っており、かなり密集しています。

阿弥陀如来坐像は946年に巨大な一本のケヤキから造られました。これほどの大きな

おまけメモ

丈六：釈迦の身長「一丈六尺」に習った仏像を真ん中の2文字を取って「丈六」という。立像なら5メートルちょっと、坐像はその半分。

# 丸くて、おも〜い

ここまで来てみなさい。

◆寺院名＆仏像名：岩船寺　阿弥陀如来坐像
◆宗派：真言律宗
◆時代：平安
◆エリア：京都府木津川市

仏像を彫り出せる元の木はどれだけ大きかったのか……と想像を膨らませます。重厚感たっぷりの体は、胸・腹・腕・脚が非常に分厚い。このボディラインが岩船寺の阿弥陀様の大好きなところです。引き締まって分厚いという印象。さらに堂内の雰囲気がシンクロして、阿弥陀様から放たれる〝圧〟がすごいのです。私は仏様から放たれる気圧みたいなのを「仏圧《ぶつあつ》」と呼んでいるのですが、岩船寺阿弥陀像は私の観測史上最高レベルの仏圧を放っておられました。そして高仏圧（高気圧みたいに言います）に反して、お顔から怖さは感じません。特に唇はぽってりしていて、女優の石原さとみさんのよう。大きな体格に対してセクシーな唇がギャップ萌えなんです。

お恥ずかしながらその強烈な圧にグッと来て以来、人でも仏像でも「分厚い体」に目が行くようになってしまったのです。特に岩船寺阿弥陀像のように、分厚さに上品さも兼ね備えているのがいいですねぇ。今後、私は「異性の好みの体型」を聞かれたら、間違いなく「岩船寺の阿弥陀如来坐像」と答えます。それほどのインパクトがある仏像です。

岩船寺は７２９年に聖武天皇が行基に阿弥陀堂を建立させたのが始まりだそうです。そこに、空海の甥っ子である智泉大徳《ちせんだいとく》が報恩院を建立。８１３年に伽藍が整い、最盛期には39もの堂塔が揃う大寺院になりました。しかし、中世には承久の乱などの兵火で多くを失います。鎌倉、室町、江戸時代と徐々に再建が進み、徳川家の寄進で本堂が建て直され、現在の姿になりました。

波乱万丈の岩船寺を生き延びた阿弥陀如来坐像は多くの阿弥陀如来に見られるまろやかな優しさとは違って、仏圧を感じさせるような厳しさが印象的です。

阿弥陀如来というのは遥か西にある極楽浄土の王様みたいな存在です。平安時代後期から、阿弥陀様を拝んで極楽浄土に往生しよう、という考えが大きく広まり、「誰でも簡単に」極楽浄土を想起できるような優しい阿弥陀如来像が人気になりました。

それ以前の阿弥陀如来像は極楽往生の約束はもちろんあれど、「誰でも簡単に」ではなく「修行しているプロ向け」だったんです。特に密教は「真言を唱えて心も体も仏様と一体になる」という高度な修行をしなくてはなりません。だから「私が阿弥陀如来です。ほら、ここまで上がってきなさい！」と言っているのです（個人の感想ですが）。

岩船寺阿弥陀像から醸《かも》し出される厳しさは、腕組みしてベンチから睨みを利かすひと昔前の野球コーチのソレだったのです。極楽往生への道をビシバシ指導するコーチング阿弥陀です。私もこの厳しいコーチのもとで修行したいと願う日々です。

**おまけメモ**

岩船寺の三重塔：室町時代に建てられた有名な赤い塔。四季の花々との景観はとても美しい。注目は「隅鬼（すみおに）」。三重塔の垂木を支える鬼で、ずんぐりとした体がかわいらしく、必死の形相なのが推せる。

鋭さと切なさと心強さと

# 室生寺　釈迦如来坐像

## ◎本当のイケメンぶりは横顔から感じ取るものである

室生寺《むろうじ》の釈迦如来坐像は、もう正直言って男性として好きです。特に横顔の美しさナンバーワン。このイケメン具合は、ぜひとも横顔から感じていただきたいのです！　でも私の好みは仏像好き仲間になかなか理解されないのが悲しい現実です。読者様にはわかってもらいたいなぁ。

室生寺釈迦如来坐像は平安時代前期に彫られた一木造りの仏像で、たっぷりと太っています。螺髪はなく、頭部はツルッとしています。頬や顎《あご》の肉、胸元や手のひらは分厚く、豊満です。対照的に、鼻筋や眉、衣の表現はシャープでキレがあります。このギャップが素晴らしい！

お顔はふっくらしていますが、横から見ると……。これなんですよ、おでこのラインから伸びる鼻筋はシャキン！　と鋭く、上唇がぷっくり持ち上がって、顎がちょっと出てい

おまけメモ

お像のポイント：平安時代前期の仏像彫刻の中でも、特に優れた仏像として有名。現在は寳物殿に安置されているが、以前は弥勒堂にガラスケースなしで安置されていた。

# 横顔を愛でたい。

◆ 寺院名＆仏像名：室生寺　釈迦如来坐像
◆ 宗派：真言宗室生寺派
◆ 時代：平安
◆ エリア：奈良県宇陀市

る。な〜〜んて綺麗な横顔なんでしょう！　正面からでは気がつかない魅力！　さらに、目線を下ろして体を横から見ると、衣の部分はノコギリの歯みたいにトゲトゲしています。前から見て膨らんだ柔らかいお腹回りだと思っていたら、そこは横から見ると鋭いところでもあったんです。この豊満さと鋭さのギャップが「たまんねえ！」のです。岩船寺の阿弥陀如来（P68）で芽生えた〝分厚いお体の如来像が好き〟という性癖を持つ私は完全にトドメをさされましたね……。

さらに釈迦如来坐像は右手のひらを前に向ける「施《せ》無《む》畏《い》印《いん》」をしています。「畏《おそ》れることはないですよ」という意味のハンドサインですが、この右手も良いんです。優しい肉厚の手のひらに癒されない人はいません。いかにも柔らかそう。そこに十字の手相がシャープに刻まれています。ふくよかな手に鋭いシワ。ここでもギャップです。たまんねぇ……。

衣のひだも大変魅力的です。大きな波と小さな波が繰り返される表現は「翻《ほん》波《ぱ》式《しき》衣《え》文《もん》」と呼ばれます。渓流のように、爽快、清らか、そしてインパクトがあります。お腹回りの衣文の模型が欲しい。その模型のギザギザ部分を自分の頬に押し当てて「イタタタ……」ってやりたい。またまた共感を得られそうにありません……。

それから、私は勝手にイケメン男子だなと恋していましたが、このお釈迦様は胸が大きいので古くから母親の信仰が厚いことでも知られています。お乳がよく出るようにと、お

おまけメモ

お像の手相：手相芸人の島田秀平さんによると、釈迦如来坐像の手相は、横一直線のマスカケ線と、縦一直線の運命線が入る、自分のやりたいことを突き詰めて天下を取る人の手相らしい。YouTube みほとけちゃんねる参照。

っぱいの絵馬が奉納されていたことも。言われてみると……肝っ玉母ちゃんにも見えてきました。我が子にたくさんご飯を食べさせていそうです。右手は子どもをあやす手つきにも見えてきたし、左手にお茶碗を持っていそうです。「もうちょっとでご飯だから待っとき～」ですね。このお母ちゃんが作る炊き込みご飯、美味しそう。

また以前、取材でお寺に伺った時、お坊さんに「下から拝むと笑って見えるんですよ」と言われました。それまでクールな表情という印象が強かったのですが、しゃがんで見上げてみると、確かに口角が持ち上がってかすかに笑って見えたのです。大好きな仏像の新たな魅力を再発見できて、とても感動しました。これだから仏像拝観は楽しい。

室生寺は、風情ある石段の上に建つ朱色の五重塔の景観で有名な古刹。室生川が流れる周辺は、昔から水の神が宿り雨乞い・雨止みの祈禱の聖地でした。7世紀後半に、天武天皇の勅願で役行者《えんのぎょうじゃ》が修験道の道場を建てたのがお寺の始まりともいわれています。空海が如意宝珠を埋めたという伝説も残ります。江戸時代には女人禁制だった高野山に代わって、女性の参拝を許したので「女人高野」とも呼ばれました。

襲ってくるような巨木に囲まれた山中にたたずんでいると、仏教の霊的な世界に埋没していくような感覚になります。そこに静かに座る横顔イケメンで肝っ玉母ちゃんでもあるお釈迦様のもとを、繰り返し訪れたいと常に思っています。

**おまけメモ**

宝生寺に埋まっている如意宝珠：空海が中国・唐で恵果阿闍梨より授かったものとして伝わる。1946年に実施された如意山頂上の石造納経塔の調査で、琥珀玉や巻物、当時の貨幣などが見つかっている。

美シャカ 大シャカ

# 戒光寺 釈迦如来立像

## ◎京都の小さなお寺で大切に守り抜かれる大仏

「戒光寺が大変なことになっています！」。２０２１年10月初旬、あるファンの女性からメッセージが届きました。彼女がよく参拝する京都のお寺で、本堂の屋根が突然崩れ落ちたとのこと。数日後、ちょうど京都へ仕事で行く予定があり、戒光寺へすぐ駆けつけることに。

戒光寺は、京都の東山区にある泉涌寺《せんにゅうじ》の塔頭《たっちゅう》寺院です。１２２８年、中国・宋への留学から帰った曇照《どんしょう》が今の京都駅の西側あたりに創建しました。応仁の乱をはじめ、多くの戦乱や災害で焼けては京都の町中で転居を繰り返し、１６５８年に現在の地に落ち着きます。お堂は失われても、本尊釈迦如来立像は難を逃れて当時の姿を残しています。その大きさはなんと約５・４メートル。移動の際は御車に乗せて、洛中の人々が綱で車をゴロゴロと引いたそうです。

おまけメモ

戒光寺の地名：移転をしても、戒光寺があった京都の街には「戒光寺町」「西九条戒光寺町」などという地名が残っている。

- 寺院名＆仏像名：戒光寺 釈迦如来立像
- 宗派：真言宗泉涌寺派
- 時代：鎌倉
- エリア：京都府京都市

京都にこんな大仏がいらっしゃるんですよ！　しかも台座から光背まで入れると10メートルほどあるし、光背が前に飛び出る炎のような意匠で、さらにお釈迦様を大きく感じます。これは戒光寺の外観からは想像もつかないし、堂内に入っても初めは膝から下しか見えないので、初めてお会いした時はびっくりしすぎて「こ、こんなに大きいなら先に言ってよ～！」という謎の照れ隠しの言葉が出ました。

　しかもただ大きいだけじゃない。「掛け軸から出てきたかのような美しさ」があります。大粒のたっぷりとした螺髪《らはつ》が囲む額は四角く、眉毛とアイラインがくっきり。リップラインもはっきり。しっかりした口元のひげにも目がいきます。お釈迦様のひげは、仏が性別を超越しているから。衣の彩色や截金文様《きりかねもんよう》も綺麗で、お体は金色に品よく光っています。見つめられたら動けなくなりそうな美人。烏龍茶《ウーロンちゃ》のCMに出演していそうです。

　お姿は鎌倉時代の宋の仏画を参考に造られました。宋の美意識が随所に取り入れられていて、特に爪を長く伸ばした指先が美しい……。このように、メイクもネイルもしっかり施しているところが、ギャルっぽくて好きだなぁ。

　この美の繊細なバランスを崩すことなく、大きく造るというのは相当な技術ですよ！春と秋の特別拝観では横からも間近に拝めるのでオススメです。

　また、江戸初期、後水尾《ごみずのお》天皇が後継者争いに巻き込まれて暗殺されかけた際、身代わり

**おまけメモ**

**戒光寺釈迦如来のあだ名：「丈六（じょうろく）さん」や「京の大仏」などと呼ばれる。今の本堂を立てる時はあまりに大きかったため、先にお像をお祀りしてから、サイズに合うようにお堂を建立した。**

になったという伝説もあります。顎《あご》の下にはその時に流れた血の痕（と伝わるシミ）が！きっとお釈迦様が天皇からも人気だった証拠でしょう。

ちなみに、お釈迦様の頭上には銀色の幕がくくりつけてあります。実はコレ、防火カーテンです。ＮＡＳＡ（アメリカ航空宇宙局）の宇宙服に使われている素材とのこと。法律上、重要文化財のお釈迦様は防火機能のついた場所に納めなくてはならないのですが、大きすぎてお堂から運び出せないので、苦肉の策として設置しました。熱を感知すると留めてある糸が切れ、ＮＡＳＡの銀幕がバサッと落ちるんだとか。お釈迦様やお寺に危険があってはいけませんが、その瞬間、ちょっとだけ、見てみたいですね。

崩れた本堂の屋根を実際に見た時は心が痛みました。応急処置で簡単な補強はされていましたが、築３７０年ともなると崩落部分だけでなく建物全体を工事し直さなきゃならない、と嘆く住職。つくづく思いました。家族経営ともいえるお寺でこれほどのものを守り抜くには、大変な苦労があるのだと。

２０２１年、急に訪問した私を、とっても丁寧にもてなしてくださった住職と奥様の姿が思い出に残っています。はつらつとした奥様の懸命な広報で、お堂を修復するためのクラウドファンディングも見事、目標金額達成。しかしたとえ修復が完了しても、大きな仏様を守ってゆく道のりはず～っと続きます。私もずっとずっと応援し続けたいです。

**おまけメモ**

お寺の苦悩：もともとお寺では本堂の改築の計画があって資金集めをし始めていたらしい。しかし思うように集まらず難航していたところに、屋根崩落。

鎌倉に美しい大観音様あり！

# 長谷寺　十一面観音菩薩立像

## ◎巨木から生まれた双子の美人姉妹

「鎌倉の長谷寺」といえば、鎌倉に観光に来た人が必ず訪れる名刹です。紫陽花《あじさい》をはじめとする季節の花、鎌倉を一望できる見晴台、鯉《こい》が泳ぐ庭、そして弁財天・大黒天などのご利益スポットもあります。テレビなどで紹介されることも多く、いつ行っても賑やかです。

　ご本尊は9・18メートルもある巨大な十一面観音菩薩像。木造の仏像としては国内最大級です。大盤石《だいばんじゃく》という台座に立ち、全身は漆箔《しっぱく》といって、漆を塗った上に金箔が施された立派な仏像です。私は何度も何度も参拝していますが、その度に新鮮で「ウオォ！」と圧倒されています。

　しかし！　観光で訪れた人の中に「本尊の存在を知っている」「見たことがある」「記憶に残っている」という人があまりにも少なすぎるのです。本堂の一番奥の方で私たちをド

# かまくら大美仏

◆寺院名＆仏像名：長谷寺　十一面観音菩薩立像
◆宗派：単立
◆時代：鎌倉〜室町
◆エリア：神奈川県鎌倉市

〜ン！　と待っていらっしゃるというのに……。

境内の他の要素が魅力的すぎるのだろうか？　観音様が巨大すぎて見えていないのか？　いや、何があろうと行った際には絶対に忘れずに拝んでいただきたい！　声を大にして言いますよ。

「長谷寺」という名前の寺院は全国に存在します。その多くは大和の長谷寺つまり奈良県桜井市の長谷寺の観音信仰と縁が深いのです。特に鎌倉にある長谷寺の観音様は、奈良にある長谷寺の観音様と同じ巨木から彫り出されたと伝わります。

伝説では、７２１年に徳道《とくどう》上人というお坊さんが、大和国でクスノキの巨木から2体の観音様を彫らせました。その一つは奈良の長谷寺に安置、もう一つは「縁のある地に出現して民を救いたまえ」と、海へ流しました。そうして15年間太平洋を漂い、７３６年に三浦半島の浜に流れ着いたのが、こちらの観音像というわけです。大和と鎌倉の観音様は美人双子姉妹なので、私は〝仏像界のマナカナ〟と勝手に呼んでいます。性別は女性でも男性でもないのですが、そこはご容赦ください。

一方で、お寺の史料ではっきりと残っているものは少ないです。一番古い年代は梵鐘《ぼんしょう》に

おまけメモ

お前立ち：秘仏の扉を閉じた厨子（ずし）の前に置かれる仏像。秘仏の代わりに仏の姿を見せるという役割がある。

ある1264年という記録。他にも13世紀の仏像や懸仏《かけぼとけ》に、とても立派なのが伝わっているので、少なくともそれ以前には本尊の大きな観音様はいらしたし、かなりの規模のお寺として完成していたに違いない、と考えられています。残念ながらそれよりさかのぼれる記録は残っていないのですが、史料がないからといって伝説を否定するのはちょっとナンセンス。私は「それくらいありがたい観音様だ」と感じ取るのが大事だと思っています。

特に鎌倉の観音信仰は話題が豊富です。三浦半島の浜辺で引き上げられてから鎌倉の長谷まで多くの住民で協力して運んだという話も残っていて、現在も観音様が運ばれたルート一帯には長谷寺の信者さんが多いんだとか。これはあながち伝説のままで片づけられない証拠です。

長谷寺の観音様は、足に触れることでその大きさを体験できます。「御《み》足《あし》参《まい》り」といって、観音様の足元に膝まずいて、両手で優しく足先に触れます。

私の両手いっぱい伸ばしても観音様の親指の爪までしか覆うことができないほど大きな足でした。その大きな親指に連なる足や胴体を想像してみてください。まるで、巨木を前にした時のような、あの圧倒される感覚です。たまんないなぁ……。

巨大なだけではなく、とても美人です。お顔はひげがクルンと濃く描かれているのが魅

**おまけメモ**

懸仏：大きな鏡に仏様を取りつけて、仏堂の中に懸けて拝むもの。神様の依代（よりしろ）を表す鏡と仏様を一体として拝むという神仏習合の信仰の表れ。

力的です。唇はしっかり紅が塗ってあり、アイラインもくっきり。装飾も多く、ロングネックレスは胸を覆い足の膝まで届くほど長くて豪華です。頭上に乗る11の顔は冠とも相まって、全てがオシャレのアイテムに見えます。総合するとファビュラスでゴージャスです。くっきりしたお顔の美人さんが、切れ長の瞳でジィッとこちらを見下ろしてくれているんです。うっとりしちゃいます。

　鎌倉時代の長谷周辺は、長谷寺の他に円応寺（P138　現在は北鎌倉に移転）と鎌倉大仏で有名な高徳院（P22）があり、この三つのお寺を巡ることで地獄・救済・成仏を全部体験できる「一大仏教エンタメ界隈」でした。閻魔《えんま》様が待つ円応寺で地獄を体験し、長谷寺の観音様に救われ、阿弥陀如来である鎌倉大仏で極楽浄土へ……。

　つまり、長谷寺の観音様は人々を地獄から救い上げてくれる存在。私たちが観音様の足元に膝まずくと、巨大な体で見下ろし、救済の手をウニョ〜と差し出してくれます。そして観音様の手のひらに乗せてもらって遊ぶ孫悟空のような気分に……。昔からの観音様への信仰があるからこそ、今の美しい景色とご利益をいただけるのです。

　鎌倉の長谷寺を訪れたら、観音様に会うのを忘れることなかれ！

おまけメモ

御足参り：通常は年に一度、12月の観音様のご縁日のみ行われる。

# 第4章

## ビジュアルが強いほとけ

でかい！　こわい！　でもやさしい

# 観世音寺　馬頭観音菩薩立像

**◎「うわっ」と声が出た出会いをしたことはあるか？　私はある！**

正式な縁起は残されていないそうですが、『続日本紀《しょくにほんぎ》』によると、天智天皇が亡くなった母斉明天皇の供養のために発願《ほつがん》。80年後の７４６年に、ようやくできたお寺が福岡県太宰府の観世音寺《かんぜおんじ》です（「太宰府」は古代には「大宰府」と書いたようですが、ここでは「太宰府」に統一）。

太宰府は、お坊さんの修行の場所として栄えていたエリアです。奈良時代の日本には、僧侶として守るべき戒律を授ける「戒壇院《かいだんいん》」があり、ここで戒を受けた人だけが正式なお坊さんになれました。戒壇は太宰府の観世音寺、奈良の東大寺（P26）、下野《しもつけ》（栃木県）の薬師寺に設けられ、これを「日本三大戒壇」とか「天下三戒壇」などと呼びます。

また、太宰府は遣唐使船が出ているなど、大陸との距離が近く、国際色豊かな町でした。

◆寺院名＆仏像名：観世音寺　馬頭観音菩薩立像
◆宗派：天台宗
◆時代：平安
◆エリア：福岡県太宰府市

観世音寺の境内には、大切な文化財を災害から守るために造られた「宝蔵《ほうぞう》」が建っています。平安時代から鎌倉時代に造られた仏像などが安置されており、中に入ると、5メートル前後の巨大な観音様3体がドン・ドン・ドンと並んでいます。不空羂索《ふくうけんさく》観音立像、十一面観音立像、馬頭観音立像です。

こちらのお寺に初めて伺った時の衝撃は忘れられません。体育館みたいに大きな収蔵庫には誰もおらず、人間は私たった一人だけ。

見上げた瞬間、「うわっ！　怖っ！」と思わず声が出ました。世界に私だけが取り残されて、大きな仏の世界に迷い込んでしまったのか!?　というような体験でした。

特に怖いと感じたのが、馬頭観音です。むちゃくちゃ睨んでいるんです。私は身長166センチあるので、日本人女性の平均身長よりは高いはずです。でも、この時ばかりはビックリしすぎて、シルバニアファミリーのお人形のように、シュ〜ン……と小さく縮んだ気持ちになりました。

でも、「怖っ！」の次は、「好きっ！」という感情、そして最後に「うわぁ、最高！」になりました。感情の変化が忙しくてごめんなさい。人間のちっぽけさを、仏像を通して知る体験がたまらないのです。

馬頭観音は、怒りの形相で人の煩悩を食べ尽くして災難を取り除くといわれています。

馬を供養してくれる仏様でもあります。馬は古来、人々の生活には欠かせない存在だったので、大切にされました。

観世音寺の馬頭観音は平安時代に造られたものですが、この時代でこれほど大きな馬頭観音は他には残っていません。5メートルもあり、見上げるほどの大きさです。肩回りや顔は丸みが強く、いろんな印象を与えてくれます。怒りの表情筋が丸みによってかなり強調されている感じがして怖かったり、顎《あご》の丸みからはお母さんがブチギレている時みたいな、怒りの中にある愛の部分を感じたりもするんです。「きっと我々のために怖い顔をしてくれているんだな」と、怒られたような気持ちにもなって、「私も頑張らなきゃ」と反省もできる。

古くから、福岡県の湾岸部は、朝鮮半島や中国大陸からの襲来を恐れて苦労してきたと思うのです。だから大きくて強い、守ってくれる存在が必要。この3体をじっと見つめていると、そんな人々の苦悩と祈りを一身に受けて立っているのではないか……と想像します。

そんなことを考えているうちに、3体の観音様がムクムクムクムクともっと大きくなって福岡の湾岸をどどーんと守っている……という妄想が広がりました。

アフロ・アミダ・アフロ

# 金戒光明寺　五劫思惟阿弥陀仏

## ◎群を抜いてかわいいモッサリ二頭身仏像

金戒光明《こんかいこうみょう》寺《じ》は浄土宗の開祖法然上人が比叡山を降りて一番初めに庵《いおり》を結んだ場所に建ちます。浄土宗の七大本山の一つで京都の名所ともいえます。

江戸末期に新選組が本陣を構えた場所であり、庭園での紅葉のライトアップや虎が描かれた金屏風が有名で、もちろん法然上人による布教の始まりの地としての格式も高く、話題が絶えませんが、仏像好きにとってはズバリ「アフロの阿弥陀様に会えるお寺」でしょう！

五劫思惟《ごこうしゆい》阿弥陀様は、とんでもない毛量をお持ちです。かつてアフロヘアーだった芸能人でいえば、久保田利伸さんよりもずっと大きく、スキマスイッチの常田真太郎さんよりもちょっと小さいくらい。もっさり・こんもりしたアフロヘアーのせいで二頭身のアニメキャラのようなボディバランス。アフロヘアなだけでなく、顔もぽっちゃりしていて、穏

おまけメモ

金戒光明寺の通称：法然上人が修行をしていた比叡山の地名「くろ谷」に対し、金戒光明寺の地を「新くろ谷」と称していたが、その後単純に「くろ谷」と呼ばれるように。

◆寺院名＆仏像名：金戒光明寺　五劫思惟阿弥陀仏
◆宗派：浄土宗
◆時代：江戸
◆エリア：京都府京都市

やかに伏せた目と小さい口に、二重顎《あご》。かわいいったらありゃしない！

印象的な髪型は近年SNSでもバズり、〝アフロ大仏〟や〝アフロ地蔵〟などと呼ばれていますが、正式名称は五劫思惟阿弥陀如来像。「阿弥陀如来」の仲間なんです。露坐の石仏で、江戸時代中期に制作されました。

なぜこんなにアフロが育ってしまったのか？　ふざけているわけじゃないです。大真面目な理由があります。

大乗仏教のお経『無量寿経《むりょうじゅきょう》』によると、阿弥陀様は、如来になる前の菩薩時代、「法蔵《ほうぞう》菩薩」という名前で、どうやったら世界中の人を一人残らず救えるのかな、と考えていました。そして、考えに考えること〝五劫〟という時間が経過。ただひたすら思惟した結果、「みんなを助ける48個の誓い」を立てることに成功。願いに沿った修行をされて、阿弥陀如来になりました。

では、〝五劫〟とはどれくらいの時間なのか？　一劫は「四十里立方（約160キロ立方）の大岩に、天女が3年（100年という説も）に一度舞い降り、羽衣で撫《な》で、その岩がなくなるまでの長い時間」のことだそうです。160キロ立方とは、だいたい四国よりひと回り大きい土地に、東京スカイツリー250本分の高さ。五劫とは、そんな巨大岩を、たまに来る天女の羽衣で摩耗されるまでの時間の5倍……気が遠くなる！

おまけメモ

阿弥陀如来の四十八願：法蔵菩薩が阿弥陀如来になる時に立てた48個の誓いのこと。

つまり、あのアフロは、五劫という長〜〜〜〜い時間、考えすぎて髪が伸びちゃった姿だったのです。阿弥陀様誕生の瞬間ともいえる尊いお姿です。

48の誓願の中には12個目と13個目で「光明と寿命に限りがあるならば、仏とはならない」とあります。なので、阿弥陀如来になったあかつきに、無限の光と命を獲得しました。こうして私たち衆生をいつまでも一人残らず救い続けることができるわけです。無限の命の中にいれば、五劫も現実的な数字になってくるのか？ 仏様のスケールってたまに大きすぎて意味わからなくなるから面白いです。

五劫思惟阿弥陀様は屋外の墓地にいらっしゃいます。拝観の際は謹んでお参りしましょう。おすすめの時間は夕方。金戒光明寺の本堂をはじめお墓も西方極楽浄土、つまり西向きに並んでいるため、眼下に京都盆地を見渡しながらめちゃくちゃ綺麗な沈む夕日を拝むことができます。特にお彼岸の頃なんて最高。

本堂には立派な仏像がズラリ。鎌倉時代の慶派の文殊菩薩像は相当美人さんです。文殊様につき従う四尊も躍動的で心を掴まれます。遣唐使吉備真備《きびのまきび》が造らせたという吉備観音（千手観音菩薩立像）は平安時代の風格ある千手観音様で、縁結びのご利益があるという噂です。五劫の時間を忘れるほど、見どころが尽きない〝くろ谷〟さんです。

おまけメモ

全国のアフロ阿弥陀：五劫思惟阿弥陀は京都や奈良を中心に点在する。有名なものだと、奈良の東大寺勧進所、東大寺の北側に位置する五劫院（ともに重要文化財）、東京の九品仏浄真寺（世田谷区指定有形文化財）がある。

超人的美しさを放つ1300年変わらない奇跡の姿

# 葛井寺　千手観音菩薩坐像

## ◎ただでさえ多いのに、なぜか余計に1本多い手

千手観音菩薩とは読んで字の如く、手が千本ある観音様です。ただ、多くの千手観音像の手は、1000本もありません。42本です。

全然足りないじゃん、と思った方も安心してください。1本で25本分の役割を果たすとして、25本分×40本で1000本分。胸元で合掌している2本の手もあるので、合計42本。不思議なからくりがヨシとされています。

しかし、稀にちゃんと手が1000本、造られていることがあります。葛井寺《ふじいでら》の千手観音菩薩坐像です。お寺では「十一面千手千眼観音菩薩」と呼ぶのですが、読んで字の如く、十一面の顔と、千の手、千の眼、を持つ観音様です。すご。

とにかくめちゃくちゃ手が生えています。大量の手を羽ばたかせて「ブゥワッサッ！」と空を飛べそうです。宇宙から来た生命体にも見えます。〝しめじ〟にも見えてきます。

おまけメモ

「千手」の意味：千は人々を救う観音様の働きが無限であることを表す。実際に千本も手を造るのは大変だから省略されることが多い。

◆ 寺院名＆仏像名：葛井寺　千手観音菩薩坐像
◆ 宗派：真言宗御室派
◆ 時代：奈良
◆ エリア：大阪府藤井寺市

しかし不気味さはなく、超人的ながら均整が取れた美しさに圧倒されます。この手を差し伸べてくれるというのだから有難いです。手のひら全てに目がつき、目配りもしてくれています。頭もたくさん乗っているし。手多め、顔マシマシ、目玉のせ、です（ラーメン二郎の注文みたいに言いたかっただけです）。

大きい手が40本（大手《だいしゅ》）、武器を持ちます。さらに細い手（小手《しょうしゅ》）が１０００本、と言いたいところですがなぜか１００１本あります（右５００本、左５０１本）。全部合わせて１０４１本が広がっています。〝ちゃんと１０００本〟じゃなかったですね。多すぎました。

なぜ小手が左側に１本多いのか、お坊さんに伺ったところ、さまざまな解釈があるそうです。「みほとけさんはどう解釈しますか？」と逆に質問されてしまいました。

では、みほとけ説は……ずばり「人を助けるのに足りなくなって後から１本生えてきた」です。葛井寺の千手観音が造立されたのは奈良時代。１３００年近く多くの人を助けてきたけれど、時代が大きく変わって悩める人が増えたから、「ちょ〜っと手が足りないかも〜」となった。そこで、ニョキッと１本伸ばしたのでは、と睨んでいます。今の世俗に合わせた新たな悩みを解決するための新しい手です。

秘仏のため、毎月18日にご開帳されますが、扉の幅が狭く全容は拝めません。ただ私は２０１７年に東京での展覧会で３６０度から拝観できました！　度肝を抜かれましたね

おまけメモ

千手観音像の運び方：2018年東京国立博物館の特別展「仁和寺と御室派のみほとけ」にてご開帳。大阪からの運び出しの際は、体と手と、全部で七つにパーツを分けて運んだそう。

……。像高約１３０センチ、手の横幅は２・５メートルくらい。ただこのサイズよりも何倍も大きく感じました。花火のようでした。しかも指先など細部の表現が優しい！

葛井寺は7世紀前半、百済からの渡来人葛井氏の氏寺として創建されたと伝わります。葛井一族は「大宝律令」の作成にも大きく関わっており、新しい文化を多くもたらしました。その功績で賜った広大な土地に寺を建立したのだとか。

千手観音様も奈良時代に造立されましたが、なんと、この超絶技巧ボリューム美仏は、造立当初の姿なのです。１３００年近くほぼ完璧に残っています。奇跡です。国内の千手観音像としても屈指の古さを誇ります。日本の千手観音信仰の始まりにして最高傑作といってもいいかもしれません。

葛井寺がある地域は、アーケード商店街が並び生活感があふれています。そんな街のおばちゃんたちの参拝熱がすごい！　熱心に観音経を上げていたり、足早に通り過ぎようとしても本堂の前では立ち止まって手を合わせたり、など。私が護摩法要を後方で立って見ていたら「もっと前行き！」と声をかけ合い、場所を譲り合い、前方の座布団を空けてくれたんです。おそらく〝いつメン〟の皆さんなのでしょう。

奈良時代からの観音信仰を現在牽引《けんいん》しているのは、この素晴らしいおばちゃんたちでした。私もそのおばちゃんたちに続いていきたいです。

おまけメモ

奈良時代から1001本の手：みほとけ説を早速否定するようだが、葛井寺の千手観音菩薩像は全て奈良時代に造立された姿をそのまま残している。みほとけ説、残念！

# 千如寺大悲王院 雷山観音

## ◎約1000本の手を背負う迫力

雷山観音は、福岡県糸島市の山の中にあるお寺、雷山千如寺《らいざんせんにょじ》 大悲王院《だいひおういん》のご本尊です。天神駅から30分くらい電車に揺られ、糸島コミュニティバスに乗って30分。「雷山観音前」でバスを降り、歩いて5分。福岡と佐賀の両県にまたがる雷山の中腹に鎮座する雷山観音に到着です。

ただ、お寺に行く前に、さらに15分ほど登って、杉木立の中にある雷神社《いかづちじんじゃ》へ。雷山観音を知るにはまず雷山に宿る神を知らなければ、と考えたからです。

雷山の神様とは、水火雷電神《すいからいでんしん》。「スイカライデンシン！」と叫んで必殺技を繰り出したくなるような、とうの昔に葬ったはずの厨二病心をくすぐる響きがあります。

古より、海の向こうからやってくる敵を水火雷電神が大雷火となって降伏させたという言い伝えがあります。これもまた厨二病心をくすぐる伝説……。さらに雷ということで、

おまけメモ

雷山観音という名前：雷山観音とは本尊の千手観音菩薩立像の通称でもあり、お寺（千如寺大悲王院）の通称でもある。

◆寺院名＆仏像名：千如寺 大悲王院　雷山観音
◆宗派：真言宗
◆時代：鎌倉
◆エリア：福岡県糸島市

室町時代には雨乞いの祈禱がなされました。

　実際、雷山は水火雷電神が宿るのもうなずけるほど、大樹がそびえ立ち綺麗な空気。雷神社には樹齢900年の大銀杏《おおいちょう》と小さな社殿が佇んでいます。無人野菜販売所と同じ感じで、自分で社殿の扉を開けてお賽銭を入れるシステムです。そのほったらかし感も相まって「あぁ、ここは本当に神様がいらっしゃるんだな」と感じました。

　ハイキングを楽しむ人も数多く訪れています。社殿を背にした時、家族と来た幼い子が私の姿を見て「綺麗なお姉さんが降りてきてる！」と両親に声高に報告していました。本当です。雷神社のご利益ですねぇ。綺麗になれる神社、と勝手に言い回ろうかな。ご両親の苦笑いに照れ笑いで返しながら雷神社を後にして、いよいよ雷山観音へ。

　石段を上ると、山肌にくっつくように立つ観音堂が現れます。拝観料を払い、観音堂の中に上がると、外観から想像もつかない巨大なお厨子《ずし》が、護摩の煤《すす》を浴びて黒々と待ち構えていました。そのお厨子の中に雷山観音こと千手観音菩薩立像がいらっしゃいます。私は驚きながらも勇足でお厨子の扉の目前へ。扉は普段、閉じられていますが、拝観者がくると僧侶のご案内とともに、開けてくださるというシステムです。

　暗いお堂の中、僧侶が解説の後に扉を開けた瞬間、ドンガラガラガラ……!!　という音が、脳内に響き渡りました。一瞬、ピカッと雷が光った、ような気もしました。全て私の

おまけメモ

神仏習合の場所：雷山全体には、かつてインドから渡来した僧侶の清賀上人が千如寺を開き、最盛期には300を超える僧坊があった。僧侶が祈禱や修行をし、神社の神官も勤めた。雷山観音も元は雷神社の観音堂に祀られていた。

脳内で起こっていることで恐縮ですが、他の拝観者からも「ぉぉぉ!!」と静かな歓声が上がっていたので皆さん驚いていたことは間違いないです。

雷山観音すなわち本尊の千手観音菩薩立像は鎌倉時代の造立と考えられています。その大きさはなんと4メートル63センチ！　煤のせいで体も顔も手も真っ黒。真っ暗なお堂の中、でかっ！　黒っ！　怖っ！　その衝撃はまさに雷そのもの。

胴体からは42本の手が伸びて、背面には８４５本の小脇手が足元から頭上まで、ブワァァァと広がっています。背面の細かい手は子ども用のフォークみたいな形状で、板状に繋がり合っていたため、光背だと思い込んでしまっていました。祈禱の後、足元まで近寄らせていただいた時に「手だ！」と気がついた瞬間の驚きたるや。

しかも、この手には眼もあらわされています。頭上には11面の顔。まさに〝観音様のすごいところ全部乗せ〟。目つきは厳しく、首から肩幅、腰元まで体つきはがっしりと太くインパクト絶大。合掌する2手まで力強いです。雷に打たれたような衝撃で、クラクラしながらなんとか拝観終了。雷山観音様は雷山に宿る水火雷電神と観音様のご利益が融合した唯一無二の存在だなと強く感じました。見上げた瞬間に「イカヅチ」をくらったような体験は後にも先にも雷山観音様だけです。

おまけメモ

雷山の盛衰：千如寺は戦国時代に荒廃してしまうが、江戸時代に福岡藩主の黒田継高公が現在の「大悲王院」を創建し、千如寺を継承する。明治の神仏分離令の際は神社の境内にあった雷山観音を大悲王院に移して保護した。

琵琶湖のミラクル！　足が増えちゃったレア菩薩

# 正妙寺　千手千足観音菩薩立像

## ◎「俺らの誇り」唯一無二の存在

「千手観音が存在するのだから、千足観音があってもよくない？」と考えたことはないでしょうか。私はあります。

でも、仏像は思いつきで適当に造るものではありません。儀軌《ぎき》という仏像ルールブックや経典に則《のっと》って造立し、仏の魂を入れる法要をしなくてはいけません。勝手に造ったら、ただの創作フィギュアになってしまうわけです。そんなわけで自分で造るわけにいかないから、いつかれっきとした千本足の仏像に会える日を夢見ていたところに、朗報が入りました。千足観音は滋賀県長浜市にいらっしゃったのです！

滋賀県の北東部に位置する長浜市は「湖北《こほく》」と呼ばれ、奈良時代から仏教文化が盛んな地域です。奈良仏教、北陸白山の十一面観音信仰や比叡山（天台宗）の影響を受け、観音信仰をメインとしたさまざまな信仰が一つになった独自の文化圏が誕生しました。しかし

おまけメモ

儀軌にない仏像：天台密教は珍しい仏様が多い。有名な園城寺（三井寺）の黄不動、土着の信仰と習合した仏（または神）、僧侶が懸命に拝んだ結果、現れる仏もいる。

- 寺院名＆仏像名：正妙寺 千手千足観音菩薩立像
- 宗派：不明
- 時代：江戸
- エリア：滋賀県長浜市

時代がくだるにつれて寺院の多くは衰退してしまいました。

ただ、お寺が衰退しても村人は信仰を止めませんでした。残された観音像を「村の守り仏」としてお迎えしたのです。戦乱の焼き討ちに遭った際は、村人たちが観音像を川に沈めたり、地中に埋めたりして、敵の目から隠し守ってきたそうです。

だから湖北には今も集落単位でそれぞれにお守りしている「うちの観音さん」がいらっしゃいます。ものすごい数のユニークな仏様が、集落それぞれの歴史物語を歩みながら、守り伝えられている、これが「観音の里」と呼ばれる所以《ゆえん》です。

そんな土地に千手千足観音《せんじゅせんそくかんのん》立像《りゅうぞう》が。像高は42センチと小ぶり。ですが金箔が塗られた姿は、力士のようなムッチムチボディで迫力満点！ 顔は11面で、背中から左右17本ずつ手が伸びています。仁王立ちで前を睨みつけ、玉眼がギラリ、額には第三の目がギョロリ。叫ぶように開けた口からは白い歯が見えます。いや観音様なのに怒ってるんかい！ 仁王立ちかい！ 観音様に「仁王」立ちなんてややこしい表現させないでくださいよ……。

そして、注目の足。本体のムキッと力強い両足から19本ずつ、膝下から横繋がりに生えていました。足は横繋がりに増えるんだ！ 横繋がりの後は踵《かかと》から先だけ扇状に増えるんだ！ 予想外のお姿に、素直に出た感想は、「カニ、じゃん」。

しかしツッコミどころが多いお姿にもかかわらず、仏像として全体的にちゃんとまとま

おまけメモ

怒った顔の観音像：基本的に観音様は優しい顔をされているが、例外的に怒った顔をしているのは馬頭観音。詳しくは観世音寺の馬頭観音（P86）を参照。

っているのが不思議です。ふざけている感じがしない。絶対に由緒ある仏様だと感じさせてしまう、観音様の真剣さがすごいのです。ロックンロール魂を感じます。

現在のお像は江戸時代の作。しかし古い文献をたどると、平安時代の天台宗系密教に関係するものと考えられる記載があります。天台僧円珍が中国・唐に留学していた時に授かり、三井寺の秘仏としたということです。

つまり、このお姿は江戸時代より古くからあり、造り直されたもの。長い歴史を重ねてきたこともあって、並々ならぬ真剣さを感じられるのかもしれません。

千足であることは、全ての人々を「どこまでも助けに行く」という意味だそうです。これだけ足が多いと、どうやって走るのか気になりますね。まっすぐ前に進んでいくのか、やはりカニのように横歩きするのか。逆に走りにくそうだけど……。

とにかく、お姿から「困っている人を何とかしたい」という熱意が伝わってきます。「つべこべ言ってないで、どこまでも助けに行く私を想像しなさい！」と怒られそうです。やっぱりロックンロールですね。

村人には「ウチの観音様はすごいんや！　だから守るんや！」という絆が生まれるに違いありません。そんな村がとてもうらやましい！　以前「東京長浜観音堂」という東京の施設で拝観しました。次は、長浜で拝み、集落の方々とも交流してみたいです。

おまけメモ

東京長浜観音堂：約２カ月交代で滋賀県長浜市から観音像にお出ましいただき、長浜の暮らしと人々と観音様との営みを紹介する施設。東京駅から近く、無料で360度じっくり拝観でき、スタッフの解説も素晴らしくておすすめ。

# 第5章

# かわいい愛されほとけ

気づいてほしい超大物

# 清水寺　出世大黒天

## ◎〝異動〟を重ねてきた真っ黒な大黒様

京都の清水寺《きよみずでら》といえば、言わずもがな「清水の舞台」の本堂が有名。「音羽《おとわ》の瀧《たき》」もパワースポットといわれ人気です。でも、そんな王道には本書では触れません！　せっかく行くなら、ぜひとも見つけてほしい超大物がいらっしゃいます。

門前で拝観券を見せて境内を進み、清水の舞台に上がる直前、にや〜っと半笑いしている赤い服を着た真っ黒の仏像「大黒天」が見えてきます。大きさは113センチくらい。足が短いので坐像に見えますが、立っています。この方こそ、清水寺に密《ひそ》かに存在する超大物です！　いや、拝観者全員が必ず隣を通過する場所にいらっしゃるんですけどね。目前に迫った清水の舞台に視線が奪われて、スルーされがちなんです。

この大黒天像は、まるで藤子不二雄Ⓐ《ふじこふじおえー》先生の『笑ゥせぇるすまん』に出てくる喪黒福造《もぐろふくぞう》のようなお姿です。ひょっとすると、藤子不二雄Ⓐ先生はここから、名作の着想を得たの

◆寺院名＆仏像名：清水寺　出世大黒天
◆宗派：北法相宗
◆時代：不明
◆エリア：京都府京都市

ではないでしょうか。

怖いけどマスコット的なかわいらしさもある大黒天は、実はすごく縁起のいい仏様で、「出世大黒天」と呼ばれています。

なぜ、ちょっと強面《こわもて》の仏像が「出世大黒天」なのか？　それは、大黒天さん自身が、長い年月をかけて出世を重ねてきたからなんです。

大黒天さんは、初めは鴨川の中の島という浮島の御堂に祀られていました。つまり、清水寺の外の外、川の真ん中にいらしたのです。そして、後の時代に清水寺の参道の下の御堂に移動。次は門の外ではありますが、お寺の入口に移動して、やっと今、本堂の真下に祀られるようになりました。「徐々に〝異動〟して本堂の近くまで〝出世〟してきたから」ということで、出世大黒天と呼ばれているのです。

物理的に移動しながら出世した大黒様。会社でたとえるなら、新卒で入社し、地方の支店に配属、平社員から支店長になって、東京本社へ異動が決まり、とうとう役員まで上り詰めた……みたいな感じでしょうか。まさに、ビジネスパーソンが憧れるサクセスストーリー！　そういえば私も清水寺の大黒様を拝んでから、テレビやイベントなどの出演が増えたかもしれないなぁ。どうかなぁ。

大黒天は、もともと、ヒンドゥー教のシヴァ神様の化身マハーカーラで、青い体をした

おまけメモ

大黒天がいた場所：16世紀半ば、戦国時代の頃に描かれたとされる「清水寺参詣曼荼羅」に見られることで判明したそう。

怖い顔の破壊と創造の神でした。仏教に取り込まれてから、マハー（大）カーラ（黒）の神（天）なので大黒天となります。暗黒神です。日本に伝播してからは、名前が〝ダイコク〟と音読みできる「大国主命《おおくにぬしのみこと》」と同一視されます。大昔の大黒天の像は細身で強面だったんですよ。時代が下るにつれ、徐々に五穀豊穣《ごこくほうじょう》や財福、出世などのご利益が足されて、室町時代に今のようなふくふくした優しいお顔になりました。こうして七福神の仲間入りをしたのです。

清水寺は音羽山の標高２４２メートルの中腹に境内があります。創建は奈良時代末期など、諸説ありますが、とにかく古いお寺です。「清水寺」という名前は、音羽の瀧の清らかな水に由来するそうです。平安時代は、美しい景勝の観音霊場の地として人気が出て、『源氏物語』などの古典文学にも取り上げられるようになりました。

清水寺は見所が山ほどあります。しかし、どんなガイドブックを見ても、清水寺で出世大黒天を激推ししているのは私だけ！　と勝手に言わせてください。こんな黒光りした笑顔、一度見たら夢中になっちゃうじゃないですか。出世大黒天様のグッズ欲しい……。

仏教やお寺、仏像にまつわる難しい歴史を調べることも面白いですが、清水寺の出世大黒天のような、験担《げんかつ》ぎストーリーを楽しむことも仏像巡りの醍醐味《だいごみ》の一つです。世界で活躍する仏像芸人になれるように、また参拝したいと思います！

**おまけメモ**

出世大黒天の年代：以前はご利益があるからと、体を撫でられたり、賽銭を体に当てられたりして塗装が剥げてしまった。平成に修理され綺麗に塗り替えられているため新しそうに見えるが、実は江戸時代以前にさかのぼるらしい。

走り出した足が止まらない

# 奈良国立博物館　伽藍神

## ◎かわいい仏像の正体は……

ある目的で、全力ダッシュをしている仏像です。頭巾をかぶり、上着の袍《ほう》に袴《はかま》を履いています。両手を大きく振り上げ、足も大きく踏み出している姿は、まるで放課後の校庭で、鬼ごっこをして遊んでいる子どものようです。小学3年生くらいかなあ。

走ってスピードが出ているため、風を受けて衣がブワッと舞い上がっています。顔は真剣。でもよく見ると右足と右手が同時に前へ出ています。かけっこの最中というよりは、鬼ごっこで鬼役の子が逃げる友人にタッチをする瞬間みたいです。お像は56センチくらい。両手で抱えられるくらいのかわいらしい大きさで、見ているうちに本当に子どもを慈しむような気持ちに。小さなお像ながら、奈良国立博物館（以下、奈良博）でもひときわ目立っています。

でも、このかわいらしい姿に油断をしたら最後です。このポーズは、修行を怠る僧侶に

- 寺院名＆仏像名：奈良国立博物館　伽藍神
- 宗派：禅宗や律宗系寺院に造られることが多い
- 時代：鎌倉
- エリア：奈良県奈良市

釘を刺して懲らしめる姿なんです！　〝釘を刺す〟というのは比喩ではなくて、本当に、物理的に、釘を刺しに追いかけます。きっと、逃げる修行僧に絶対に追いつく、とんでもない足の速さで。そして「ハイ！（プスっ！）」。恐ろしすぎますね。

かつては右手に釘と左手に木槌《きづち》を持っていました。右手を見るとグー拳の中に空間ができていますが、ここに釘を持っていたんですね。逃げる僧侶に追いつくと、体に右手で釘をブスッと刺し、左手の木槌でガンと押し込む……。イテテ。私は博物館でこの説明文を読んでいる最中、自分の背中が刺されるような痛みすら感じました。

玉眼を輝かせ、眉間に皺を寄せて睨み、ちょっと口角が上がり、微笑むような表情に見えるのも、その恐ろしさを一層強くさせます。

伽藍神《がらんじん》はもともと仏教の神様ではありません。中国で盛んな道教の神様を仏教に取り入れた守護神で、鎌倉時代以降に日本に入ってきました。だから中国の官僚の服装をしているのです。中国・宋の影響を色濃く受ける禅宗寺院や泉涌寺《せんにゅうじ》系の律宗の寺院などで、複数体のチームになって祀られます。

伽藍とは、お寺の土地や建物のことで、伽藍神はその地で修行に励む僧侶を守る存在です。本堂の隅に、修行僧を見守るように祀られます。

奈良博の走る伽藍神は、明治時代まで鹿児島県の禅宗のお寺にあり、その後個人の所有

**おまけメモ**

その他の伽藍神：鎌倉の建長寺（P170）にも重要文化財、13世紀の伽藍神がいる。道服を着ているのは同じだが、お堂の隅で椅子に腰かけるように5体いる。5体が揃っているものとしては日本最古。

など転々として、現在は奈良博の所蔵。1919年にオークションに出されたのですが、その時のプロフィールは「運慶作　走り大黒天」でした。

トリッキーな見た目から伽藍神ではなく「ちょっと変わった大黒天」だと思われちゃったんですね。古い時代の大黒天は痩せていて、袋を持たない姿をしたものもあるので、混同するのも無理はない。だからつい最近まで「走り大黒」と呼ばれていたのです。21世紀になって、彼と似た服とポーズのお像が京都の東福寺という禅宗の大寺院で発見されました。東福寺を守護する「伽藍神像」の一つとして「感応使者《かんのうししゃ》」、または「監斎使者《かんさいししゃ》」と呼ばれてきたことが分かり、この走る大黒天は伽藍神だったと判明したのです！

躍動感や豊かな表情は、鎌倉時代後期っぽさがよく表れています。確かに、怠るものを懲らしめようというとても気迫ある顔です。あと、右手右足が前に出ちゃってるのも、お堂で「走る姿を魅せる」ために、観客を意識したポーズかもしれないです。

仏像というと、優しさにあふれた静かなものだと思われがちですが、こんなにも個性的でストーリーのある仏像がたくさんいます。だから楽しいんですよ。仏像好きになってよかったな、と思います。まだこの楽しさに気がついていない人に、奈良博の伽藍神を紹介したいです。

おまけメモ

国立博物館の通称：東京国立博物館はトーハク（なぜか東博とあまり書かない）、奈良国立博物館は奈良博（ならはく）、京都国立博物館は京博（きょうはく）、九州国立博物館は九博（きゅうはく）。略称で呼ぶとツウっぽい。

# 五百羅漢寺　羅漢像

### ◎賑やかな羅漢さんと触れ合える東京の名所

「東京でいい仏像のお寺ない？」と聞かれたら、一番に名前を挙げるのが、目黒の五百《ごひゃく》羅漢寺《らかんじ》。江戸時代、松雲元慶《しょううんげんけい》という人物が、５３６体の仏像を一人で彫り上げ、現在は羅漢像２８７体を含む３０５体の仏像が鎮座します。

「羅漢」とは、人々から供養・施しを受けるに値する聖者のこと。「五百羅漢」と書く時は、お釈迦様の弟子トップ５００、みたいな意味になります。お釈迦様の亡き後に釈迦の法話をまとめて編纂する会議に参加した５００人の羅漢のことを指します。

五百羅漢寺の羅漢像は、成人と同じくらい。お坊さんの像がズラ〜っと並ぶお堂に息を呑みます。一人として同じ姿はありません。そもそも羅漢像は、中国の山奥で修行生活を送る羅漢さんたちを描いた絵画が始まりなので、意外と生活感たっぷりの姿をしています。だから、居眠りをしている人、爆笑している人、江戸っ子らしく桶《おけ》を持ってお風呂に入ろ

おまけメモ

羅漢像の動き：松雲元慶作の初期の羅漢像は腕が体と離れ、手の動きが複雑だが、後期の作品になると体に腕が密着しがち。彫るのが大変だから省略し始めたのだろうか。

◆ 寺院名＆仏像名：五百羅漢寺　羅漢像
◆ 宗派：単立
◆ 時代：江戸
◆ エリア：東京都目黒区

うとしている人もいます。関節がグネンと曲がっていて、解剖学的な動きにとらわれない自由な感じが楽しげです。着ている衣や年齢層も幅広く、表情も変化に富んでいるので、何度来ても、新鮮な気持ちで拝めます。

さらに、心を預けられるような安心感と尊さがあるからすごいです。彼らは修行に励む身。独特の緊張感が漂っています。芸人の私にとっては「めっちゃ目上の頼れる先輩」のような存在で、すごく励まされます。一緒に頑張ってくれている感じがするのです。

松雲が五百羅漢像を彫ったきっかけは、大分県中津市耶馬溪《やばけい》の羅漢寺を訪れたことです。耶馬溪の羅漢寺はそそりたつ岩山の洞窟内に、日本最古（中世）の羅漢の石仏がずら～っと並びます。本当に羅漢さんが修行をしている山のよう。それでいて、石仏が個性的なので参拝者を「仏教っていいもんだよ」と招き入れるようなエンタメっぽさもありました。松雲はこの景色に感動し、江戸に下向して五百羅漢像の造立を発願《ほつがん》。きっと「仏教に救われるのは町の人々であるべきだ」と思ったのかもしれないなぁ。少しずつ布施を集めて1体目を彫るのに10年かかったそうです。

しかし、見事完成させた頃には注目を集めるようになって、徳川家の保護も受け、有名な観光地となりました。江戸の地誌『江戸名所図会』に紹介されたり、浮世絵にたびたび描かれたり。今の東京でいえば、東京スカイツリーのような賑やかな場所だったのでしょ

**おまけメモ**

羅漢像の衣：衣の縁には流線形の不思議な柄が入る。細く隆起した“何か”で描かれたらしい。細長い紐を貼りつけて描く技法「漆線彫（チーセンティオ）」と推定されている。一部には「そうめんでは？」という声もあるとかないとか。

う。当時は本所五つ目（現在の江東区大島）にあり、明治時代に目黒に移転しました。

　松雲が彫った他の仏像も見逃せないです。本堂にある２メートルの本尊釈迦如来像は若々しい。オールバックヘアーがクールな普賢菩薩像、カールヘアーがかわいい文殊菩薩像、若くてイケメンの阿難陀尊者像、蓮を持ってにっこりする拈華微笑《ねんげみしょう》の大迦葉像ら全て、むちゃくちゃいい！　大きく迫力があるのですが、やはり松雲テイストで、ニュルニュルと動き出しそうなユニークさと、絶妙な尊さが共存。江戸時代に中国から入ってきた黄檗《おうばく》宗の仏像に見られる「黄檗様」の色も濃く、なんだか異国情緒もあります。

　本堂ではこれらの大きな仏像と、左右に雛壇状に１００を超える羅漢像が並びます。オールスター感謝祭みたいだ、といつも思います。ＭＣ今田耕司さんのポジションに立つお釈迦様の話を聴きながら、羅漢像と一緒に修行したいです（早押しクイズに挑戦したり）。

　境内を守る霊獣（麒麟《きりん》像と獏王《ばくおう》像）も松雲が彫りました。いつの間にか麒麟像は失われていましたが、２０２２年、クラウドファンディングで資金を募り、見事によみがえりました。３００以上ある仏像は毎年少しずつ修復が行われています。全て終わる頃には、一番初めの修復は１５０年前となるため、また修復が必要、というから驚きです。このような弛《たゆ》まぬ修復の連続で、今も、これからも仏教テーマパークを体感させてくれるのだからすごいところです。

おまけメモ

江戸時代の建築：３代目の住職である象先（ぞうせん）禅師が立てたお堂がすごい。日本初の二重螺旋構造の建築「さざえ堂」。五百羅漢像を祀る横長の御堂は、土足用と下足用の廊下がぶつかることなく交差する仕組みだった。

**まんまるまるく　まるくまんまる**

# 山梨県身延町　木喰仏

## ◎造った人がハードボイルドすぎる

大変失礼ではありますが、第一印象は「これが仏像なの?」でした。いい意味で、仏像の概念を打ち壊す存在です。

その仏像を彫った人が、江戸時代後期に活躍した木喰《もくじき》五行《ごぎょう》上人という遊行僧《ゆぎょうそう》です。木喰上人っていったら、この人です。56歳から93歳で亡くなるまで、全国を歩き回り、仏像を彫り続けました。その数、１０００体以上。「親を供養したい」「病気を治したい」などさまざまな人の悩みを聞き、仏様を必要とする人々のために彫ったのが木喰上人です。

木喰上人が彫った仏像は、大半は40センチから1メートルくらいです。どれも「木喰テイスト」が濃厚な仏像の特徴が大胆にデフォルメされたもので、「木喰仏《もくじきぶつ》」と称されます。

では、「木喰テイスト」をよく表す木喰上人の歌をご紹介しましょう。

「まるまると　まるめまるめよわが心　まんまるまるく　まるくまんまる」

- ◆ 寺院名＆仏像名：木喰仏
- ◆ 宗派：さまざま
- ◆ 時代：江戸
- ◆ エリア：山梨県南巨摩郡

はい、このとおり、木喰仏はとにかく丸い。頬も顔も3頭身の体も。そしてなんといっても笑顔が丸い。にっこり！　かわいい！　丸い！　仏像のルールは逸脱していても、ちゃんと仏様になっているのがすごいところ。だから拝むこちらもにっこりしてしまう。きっと木喰仏の前では、誰もケンカできないと思います。

彫る仏像は丸くてかわいい印象なのですが、本人はかなりハードボイルドな人生を送っていたようです。生まれは山梨県の身延町《みのぶちょう》。14歳で「ちょっと出てくる」と言ったまま、家出をして江戸に行きます。全然「ちょっと」じゃないですね。20代で私度僧、40代になって正式なお坊さんになり、56歳から全国行脚を始めます。結構、遅咲きデビュー。晩年は地元の身延町に戻って、93歳で亡くなるまで四国八十八か所の仏像など、地元の人の要望に応えて仏像を彫りました。

木喰上人は、「木食戒」を受けています。「戒」とは僧侶が守らなければならないルールで、五穀と魚（もちろん肉も）、火を通したものと塩味を断つという、かなり厳しい修行です。これは痩せますね。晩年は好きなお酒が止められなかったようですが……。そして、身長が180センチもあったというから驚きです。大柄で痩せていて、ヒゲモジャで、土色のボロボロの衣を着て錫杖《しゃくじょう》を持っていたという木喰上人。仙人みたいです。そして「はい、どうぞ」とできた仏像は、まん丸でめちゃくちゃかわいいという。そのギャップにみ

おまけメモ

木喰上人の歌：木喰上人は歌人としても卓越していて、生涯にわたり多くの和歌を詠んでいる。仏様の功徳を詠んだものや、自虐的なものなど幅広い。

んな驚いたことでしょう。それで人気が出たに違いありません。

以前、木喰仏を紹介する番組の撮影で、木喰上人の出身地である山梨県を訪れた時、木喰仏を家庭で守るおばあちゃんに出会いました。木喰上人は、自分の活動を最後までサポートしてくれた家に、お礼として木喰仏を納めたそうです。その仏像を先祖代々、大切に引き継いでいるというおばあちゃんの家の床の間には、木喰仏が2体。薬師如来像と馬頭観音像が大切にお祀《まつ》りされていました。

「私が元気に生きていられるのは木喰さんのおかげ」と言うおばあちゃん。毎日お供物をして手を合わせ、時には体を拭いて、仏様に語りかけるのだそう。すると、「今日も頑張れ」と仏様が返してくれるように感じる、とおっしゃっていました。

おばあちゃんは今も元気でいてくれているだろうか……。木喰仏を想う時、おばあちゃんのことも同時に思い出します。その逆も然《しか》り。また会いたいなぁ。おばあちゃんにも木喰仏にも。

木喰仏を家庭で守るおばあちゃんに出会ってしまったばかりに、私は「木喰仏を語り続けて信仰を守り抜かねばならぬ！」という謎の使命感を抱いています。ずぅっと語り継いでいこうと思います。

おまけメモ

木喰上人の目撃談：清源寺十三世佛海禅師「十六羅漢由来記」（柳宗悦「丹波に於ける木喰仏」より）

# 第6章 アクロバティックなほとけ

別々のバンドから集った奇跡の4人ユニット

# 大安寺　四天王像

## ◎小躍りしているかわいいおじさん？

四天王像は、仏像界の最強ガードマンです。お堂や須弥壇《しゅみだん》の四隅に祀られて、東西南北を守護してくれます。武具を身につけ、戦闘態勢のポーズで敵を調伏《ちょうぶく》する強い存在です。

しかし、大安寺《だいあんじ》に伝わる四天王像は、〝小さいおじさん〟のようです。がっちりむっちりした体、顔の大きさのわりに足は短い。肩に首が埋まって、力が入っている……。いずれも像高は140センチ前後で、皆さん威勢のいいお顔をしていますが、どれも腰と胸の位置がほぼ一直線で、体の軸がブレていない。腕回りだけ少し動いています。おじさんたちが少々恥ずかしそうにしながら小躍りをしている、そのくらいの動きです。

第一印象は、「こんな愛しい四天王さんがいらっしゃるんだ……」。

大安寺の四天王像は全て奈良時代、8世紀に造られた一木造りです。火災や地震、お寺の荒廃など度重なる災難に見舞われて、その度に補修を重ねたため、今の四天王像のかな

おまけメモ

大安寺で修行した人：空海が唐に渡る前後に学んでいたり、最澄が大安寺の僧侶に師事していたり、奈良〜平安仏教の中心となる優秀な僧侶が育っていったお寺でもある。

- 寺院名＆仏像名：大安寺　四天王像
- 宗派：高野山真言宗
- 時代：奈良
- エリア：奈良県奈良市

りの部分は制作当時の造形とは異なり、腕や足に多少の不自然な部分があります。しかし、その不自然さも大切な歴史の一部で、おかげでかわいらしさと情緒が醸し出されているのです。

初対面で感じた愛しさは、大安寺の大大大波乱万丈（後半で語ります）の中で、先人たちが仏像を守り抜くべく行ってきた血のにじむ努力の結晶によるものだったのです。

冒頭で〝かわいいおじさんが踊っているみたい〟とか言ってしまったのですが、大変な時代を生き抜いた、めちゃくちゃ偉いおじさんたちでした。ごめんなさい！

４体をそれぞれよく見ると、服装の特徴がちょっとずつ違います。これは当初はそれぞれ別のお堂に安置されていた四天王像だったから。お寺の災難をくぐり抜ける中で仏像もたくさん失われ、偶然この４体が残ったのです。まるで、四つのバンドが一斉解散したのちに、ギター、ベース、ドラム、ボーカルが各グループから集い再結成したような感じです。不思議と一体感があるのは、総合プロデューサー大安寺のすごさなのでしょうか。

４体のうち多聞天像の保存状態が比較的良いです。特に注目したいのは、腰つきとおしゃれな装飾。腰のググッとしたひねりも一番で、お尻を強く突き出すところが魅力的。この方だけは、踊りの経験者だと思います。衣装もかなりいい。細かいドレープ、レースアップされたシューズ、唐草文様《からくさもんよう》っぽい胸当てなどなど……。どこかオリエンタルな雰囲気

おまけメモ

大安寺の仏像：奈良時代から伝わる仏像は全部で９体。そのうちの４体が四天王像。他は、十一面観音、馬頭観音、聖観音、楊柳観音、伝不空羂索観音。

も漂い、海外との交流もあった大安寺の当時の姿まで思い浮かぶようです。

実は、大安寺には、もっとふる〜い歴史があります。飛鳥・奈良・平安時代は現在の境内地の約25倍もあるかなりデカい寺でした。元は、６２２年に聖徳太子が建てた熊凝精《くまごりしょう》舎《じゃ》に始まります。舒明《じょめい》天皇の発願《ほつがん》で、６３９年に「百済大寺《くだらのおおでら》」として建てかえられ、その後、天武天皇の時代に場所を移し、６７３年に「高市大寺《たけちのおおでら》」に名前を変更。さらに６７７年に「大官大寺《だいかんだいじ》」に改名。７１０年に平城京遷都に伴い大安寺になりました。

「大寺」とは国立のお寺という意味を持つそうです。「大官大寺」なんて、国立の国立のお寺、といっているようなものです。その時代の大きなお寺といえば、聖徳太子のプライベートテンプル法隆寺や、蘇我氏のプライベートテンプル飛鳥寺（Ｐ１７４）。一方で歴代の天皇が連綿と発願や造営に関与した寺院群に加わったのが大安寺。まごうことなきナショナルテンプルです。

ただ、政治が変わり、災害が続き、次第に衰退していった大安寺。江戸時代には廃寺同然でしたが、１８８２年に再建が始まり、なんとか今日の姿に立ち直りました。

近年、大安寺で有名なのは「がん封じ」と「笹酒まつり」。二つとも広く民間人のために開かれ大人気です。歴史ある格式高さと、民間に寄り添ってくれる親しみやすさ、両面の良さが四天王像にも表れています。

おまけメモ

がん封じ：がんの平癒を願うご祈禱のこと。治療に立ち向かう強烈な精神的・霊的な苦痛に寄り添ってくれると、人気。しかも、一度申し込むと、その後何度でもリピートできるという“ご祈禱サブスク”。

# 平等院　雲中供養菩薩像

## ◎パリピ菩薩が極楽浄土への往生を盛り上げる

時は平安時代後期。日本のナンバーワン貴族、藤原氏の全盛期です。当時は、苦しみを救ってくれる人が誰も現れない「末法《まっぽう》」の世に入ってしまうという末法思想が広がった時代です。それに対して「ならば来世は、極楽浄土に生まれよう」「極楽浄土を想って、少しでも明るく生きよう」という浄土信仰が始まりました。

平等院はこの思想を受け、末法の世が始まった１０５２年、京都の宇治川の畔《ほとり》に、藤原頼通が、父道長の別荘をお寺に改める形で始まりました。境内には日本中の貴族が憧れる優美なＴＨＥ極楽浄土の宮殿が堂々と完成。庭園の池に浮かぶように建つ阿弥陀堂は、今「鳳凰堂」と呼ばれています。こんなの造っちゃうんだから、藤原氏は本当すごいよ。

鳳凰堂にいらっしゃる丈六《じょうろく》の阿弥陀如来坐像は、仏師定朝《じょうちょう》が彫った日本の仏像史上もっとも重要な存在です。あまりに有名なので、ここではともに存在する雲中供養菩薩像《うんちゅうくようぼさつぞう》

おまけメモ

末法：仏の教えがあっても、どんなに修行しても、悟りを得られない時代。平安時代中期は疫病が蔓延し地震が頻発。「死後の世界」が強く意識されるようになったそう。

◆寺院名＆仏像名：平等院鳳凰堂　雲中供養菩薩像
◆宗派：単立
◆時代：平安
◆エリア：京都府宇治市

にスポットライトを当てます。彼らも定朝の指導のもと造立された優作です。

雲中供養菩薩とは、阿弥陀如来と一緒に「お迎え」にきてくれるオーケストラのこと。死後、極楽に向かう（往生する）時、西の彼方にある極楽浄土から阿弥陀様が迎えに来てくれますが、生前に良いことをたくさんしておくと、阿弥陀様と一緒に菩薩たちが雲に乗ってやってきて、パレードよろしく、賑やかに盛り上げてくれます。

鳳凰堂には、中心部分に入ると、ドーンと像高約3メートルの阿弥陀様。その上を飛んで囲むように、雲中供養菩薩像は長押《なげし》上の壁面に数多くかけられています。1体50センチほどの大きさで、どれもレリーフ彫りのような、うすうすボディ。だけど、立体感の表現に妥協はなく、奥行きを感じられる彫刻だからすごい。ゆったりして柔らかい肉づきに、穏やか～なお顔。だから、たくさん浮いていても、空間に圧迫感がありません。むしろ軽やかで超楽しそう。鳳凰堂の中も極楽浄土が仏像で完全再現されているのです。

間近でよく見ると、1体1体めっちゃ躍動的。横笛を吹いたり、琴を弾いたり、太鼓を叩いたり、踊ったり。中には僧侶の姿で合掌する方も。ピ～ヒャラピ～ヒャラ、ドンドコドンドコ……音が聞こえてくる気がします。こんな賑やかなのに、全員おちょぼ口のおすまし顔なのがまた推せるポイント。たまらないかわいさです。

私が特に好きなのが、立ち上がって踊っている菩薩像。全部で6体います。めっちゃ腰

**おまけメモ**

仏師定朝のすごさ：藤原氏が自身のお寺をさらに聖なるものにするために、仏像を彫る定朝に「法橋（ほうきょう）」という特別な称号を与える。以降、仏像のすごさを「どんな名人が彫った？」という観点で語るようになった。

を捻っていたり、足を大胆に上げていたり、指先をチョインって持ち上げていたり、自由すぎます。もう平安時代のパリピです。往生する人が一番聴きたい音楽を即興でセッションして、フロアを沸かせてくれるに違いありません。私なら好きなアイドルソングを演奏してほしいなぁ。一緒に踊りたいなぁ。

菩薩像には、南北にそれぞれ1から26までの番号がふられています。仏像好きに聞くと「私は南25が好き」なんていう人も。推し菩薩を探すのも楽しいのでおすすめ。

さて、日本の仏像の歴史を語る上で、前述した定朝さんの存在が欠かせません。仏教が大陸より伝播してから、それまでの仏像は大陸の影響を受け続けていました。ただ平安時代前期に遣唐使が廃止され海外の影響をストレートに受けにくくなった後、日本独自の表現を完成させたのが定朝さん。「寄木造《よせぎづく》り」という造像技法を確立し、顔や体つきを日本の感覚で表現しました。たとえるなら、本格中華を目指していた時代から、しょう油味ベースの馴染みやすい味を作り始めた、みたいなことです（中華料理への憧れは消えていなかったらしいんですが）。その後しょうゆ味ベースの料理が日本のスタンダードになっていくように、定朝の作風は「和様《わよう》」と呼ばれる仏像の典型になりました。

平等院を訪れたら、極楽浄土を想いつつ、定朝が活躍した時代のことも想像してみてください。なんだか落ち着くこの感じ、日本らしい美しさに共鳴できること間違いなしです。

**おまけメモ**

寄木造り：頭部や体幹部に規格化された複数の角材を組み合わせて造り、各部に通じる大きな内刳（うちぐ）りを施すもの。定朝以降、大きな仏像を造る時のスタンダードになっていった。

# 新薬師寺　十二神将立像

## ◎超凄腕医師を守る、12人の最強チーム

　以前、日本武道館で行われたアイドルグループ「アンジュルム」のコンサートを見た時、ある重大な発見がありました。アンジュルムのメンバーが鍛錬された歌唱力とダンスを遺憾なく発揮し、「個」の強さが楽曲によって「群」になった途端に、屋根を突き抜けるようなオーラが私の毛穴まで入ってきたんです。どの瞬間を撮っても映える、１秒も見逃せない、この感覚、これって奈良の新薬師寺で見た十二神将像と同じだ！　という発見です。

　新薬師寺は、７４７年、聖武天皇の病気平癒を願った光明皇后が建立した古刹で、かつては七堂伽藍が整っていたそうです。貴重な創建当時の天平建築様式を唯一残す本堂に、薬師如来坐像や十二神将立像が安置されています（どちらも国宝）。薬師如来坐像は平安時代初期に造立された、２メートル近い大きな一木造りの仏像。目がぱっちり開いた濃いお

- 寺院名＆仏像名：新薬師寺　十二神将立像
- 宗派：華厳宗
- 時代：奈良
- エリア：奈良県奈良市

顔は、一度拝んだら忘れられません。そして、このインパクトを後押しするかのように回りを取り囲む十二神将の姿がたまらなく素晴らしいのです。

薬師如来はどんな病気も治す超凄腕ドクターです。部下がたくさんいます。そのうち日光・月光菩薩は日勤と夜勤の看護師リーダーで、十二神将像は、その部下にあたる12人の最強看護師のような集団です。12の方角、12の時間を守護します。

新薬師寺の十二神将像は、奈良時代に造られた塑《そ》造の仏像。木の骨組みの上に粘土で形を造ったお像です。１６０センチ前後の身長。塑像独自のニュルッとした質感と動きの自由さがユニークです。十二神将は、元はインドの神様だった方々です。新薬師寺像も、まるでインド神話に出てきていそうな武将の強さがありありと表現されています。

首まで口が開いていたり、髪の毛がヒトデみたいな形で持ち上がっていたりと、誇張された異世界のキャラクラーっぽさがたまらなく魅力的です。これらのお像が１３００年間、拝まれ続けているという歴史を想うと、そのロマンに体が震えます。

12体の中から好きなお像を1体だけ絞るのはかなり難しいですが、例えば頞你羅《アニラ》大将。

**おまけメモ**

本堂：かつての密教の祈りの儀式をするためのお堂だった。天井に板を張っておらず、仏像にまるで光背があるかのような抜けの景色が広がり、非常に面白い。

矢を片目でギョロッと見ていて、その「見る」というポーズがキマっています。何かをじっと見すぎると目だけでなく無意識に口や肩にも力が入ることがありますが、頞你羅大将もその通りで、分厚い唇がひん曲がっていてとても一生懸命に見ている様子が伝わってきます。「見る」ポーズに魅せられるんです。

　また、薬師如来を中心として、円形の須《しゅ》弥《み》壇《だん》の上にぐるっと十二神将が外向きに並んでいるところが非常に憎い演出！　フォーメーションと、全体のバランスの良さ。全員違うポーズをしていて個々が際立っていながらまとまっています。これが冒頭でお話しした「アンジュルムの武道館コンサート」の様子と重なるのです。新薬師寺にも、つんく♂さんのような優秀なプロデューサーがいたということがうかがえます。

　いつも拝観する時は円形のステージを左回りにぐるぐる歩いて、自分が移動することで十二神将さんが動いているような感覚を楽しみます。たまに推しメンの前で立ち止まってほぅっと味わっては、またぐるぐる歩き始めます。読者の皆様にもぐるぐる回りながら、十二神将の〝推しの一人〟を見つけてほしいです。

**おまけメモ**

**十二神将と十二支：十二神将像は、後世に十二支の考えと結びついて、干支の動物を頭に乗せる場合もあるが、新薬師寺のお像は乗せていない。**

# 円応寺　十王像

## ◎閻魔を中心に集う裁判官たち

鎌倉の仏像でおすすめを聞かれたら、「絶対行った方がいい！」と強めに推すお寺、北鎌倉の円応寺《えんのうじ》。間違いなく全員「行ってよかった！」という感想をいただきます。

建長寺の向かい側に位置する、建長寺第九世の知覚禅師《ちかくぜんじ》が開山のお寺。本尊の閻魔大王像を中心として、亡者《もうじゃ》が冥界で出会う10人の裁判官「十王」をメインに祀っています。創建当初は鎌倉大仏（P22）の近くにありました。鎌倉幕府が滅びた後、鎌倉市内を転々として、江戸時代に現在の地に移りました。

十王というのは亡くなった人の来世の人生を決める10人の裁判官です。死後、十王が一人ずつ登場し、亡者の生前の罪を裁判します。死後35日目は第五審で、閻魔大王《えんまだいおう》による「来世、どの世界に生まれるか」を決定する一番大きな裁判が開かれます。だから閻魔大王はこの中のリーダー的存在で有名なんですね。亡くなって数えて3年目の第十審まで、

◆寺院名＆仏像名：円応寺　十王像
◆宗派：臨済宗
◆時代：鎌倉～江戸
◆エリア：神奈川県鎌倉市

丁寧に裁かれて、反省の陳述もして、性別や寿命まで事細かに来世が決定します。次は人間か、畜生か、天か、あるいは……ほとんどの人が地獄に落ちると思ってください。

でも、生きているうちに十王の前であらかじめ反省し、減刑を祈り、徳を積んでおくことで、裁判をパスできる、それが十王信仰です。この地獄の裁判には、十王だけでなく、罪の重さを調べる者や生前の行いを見ている者など、多くのサポート役も登場します。かなり賑やかな裁判所です。

円応寺の境内はこぢんまりとしていますが、本堂は冥界裁判所の熱気に満ちあふれています。中央に閻魔大王像、左右に十王像のうち8体と奪衣婆《だつえば》、地蔵菩薩がドドドと並びます。こちらを驚かすように「わ！」と大口を開けたり、睨みを利かせたり、思い思いに元気よく、仕事中のポーズを取っています。

この躍動感、ＣＧアニメの作品と言われても信じちゃいます。それくらい、キャラクター性が強くて元気がいいです。反った指先、跳ねる衣の裾、耳の先まで神経が通っているよう。玉眼のはまった目はらんらんと輝いて、イキイキと人を裁いています。それに、めっちゃ真剣に謝り続ければ、許してくれそうな人情も感じます。彼らに囲まれる本堂では、声をかけられ風が吹いて……。ユニバーサル・スタジオ・ジャパンの最新式没入型のアトラクションに引けを取らない、リアル冥界裁判所です。

おまけメモ

笑い閻魔伝説：ある時、急死した運慶は閻魔大王の前で、「見た人が悪さをせず、いい人になる私（閻魔）の仏像を彫る」という約束をして生き返る。運慶は生き返った喜びから笑いながら彫ったので、閻魔像も笑って見えるという。

円応寺の仏像の多くは江戸時代の制作ですが、初江王《しょこうおう》像と倶生神《ぐしょうじん》像などいくつかは鎌倉時代の造像で、鎌倉国宝館に寄託されています。中でも初江王坐像はイチオシです。あぐらをかいた足元にたわむ布が、グリグリグリ～と大波を立てています。瀬戸内海も顔負けの渦潮です。運慶の流れを汲む仏師の表現力によって、目が輝き、めちゃくちゃイケメンですし、筋肉の動きも全身で連動しているかのような躍動感があります。しかも、この時代の流行、中国・宋の影響を受けた外国っぽさがあって、唯一無二のカッコ良すぎる王様です。こんな優作が何体も、円応寺に並んでいたかと思うと、怖さによる震えと、見てみたいという興奮による震えが止まらなくなります。

鎌倉の仏像を見る時は、鎌倉時代の武士の気持ちになってみると面白いです。幕府でのし上がろうとする武家同士の軋轢《あつれき》、領地を守るべく勃発する戦いの数々。多くの人を殺《あや》めてきた。そのとんでもない罪、後ろめたさに負けないように生きていくには、真剣に十王を拝んで覚悟を決めたのではないでしょうか。

現代の私たち向けに分かりやすく十王像の怖さを説明するにあたっては、みうらじゅんさんがおっしゃっていた、「うしろメタファー」という言葉を拝借したいです。怖い仏像だからこそ、悪いことをしないようにしようという謙虚な気持ちになります。教育的な十王像なので、子どもがいる人は、ぜひ一緒に参拝してほしいと思います。

おまけメモ

鎌倉国宝館：鶴岡八幡宮の境内にある博物館で、本書の監修者である山本勉先生が館長を務める。市内の鎌倉時代を代表する仏像を保護して研究する施設で、鎌倉仏の魅力を一気に学べる。素晴らしい。

真の鎌倉の魅力が詰まった

# 覚園寺 薬師三尊坐像と十二神将像

## ◎谷と湿り気と義時の歴史

「鎌倉」というと、海や大仏、賑やかな商店街のグルメなどを思い浮かべる人も多いと思います。もちろんそれらも魅力的ですが、私が感じる鎌倉の印象は「谷と湿り気」。

鎌倉は、源頼朝が「三方を山に囲まれ一方を海に臨む天然の要塞のような地形」に幕府を開いた町です。山に囲まれ平地が少ないのですが、人口は多く、谷間を縫うように密に民家や社寺が存在していて、狭い道、急な坂、など変な地形をしています。中世に平地を増やすために山を削った跡や横穴もよく目にします。坂東《ばんどう》武者《むしゃ》の血生臭いいざこざを忍ばせる跡も多く、住むにはやや不便ですが、私は日陰が多く湿気《しけっ》ている感じが好きです。

そんな鎌倉を特に感じさせる二階堂というエリアに建つのが覚園寺《かくおんじ》です。住宅街を抜けた先に山を背負うように広がる境内には美しい自然が保護されています。観光客が集中する賑やかなエリアから一線を画する静かなお寺です。

おまけメモ

鎌倉の史跡：市内にはあちこちに坂東武者の活動を忍ばせる跡が多い。特に実朝暗殺事件が起きた鶴岡八幡宮の階段が著者のお気に入り。

◆寺院名＆仏像名：覚園寺　薬師三尊・十二神将像
◆宗派：真言宗
◆時代：南北朝（薬師如来像）、室町（その他）
◆エリア：神奈川県鎌倉市

木々が空を覆うように生えている参道を進むと、南北朝時代に足利尊氏が再建し、その後改築された重厚な茅葺き屋根の薬師堂が見えて、「この中には、いる……！」と期待感が募ります。薬師堂に入ると、中央に堂々と薬師如来三尊像、左右に6体ずつ等身大の十二神将像が並びます。この中世の鎌倉の迫力と歴史を物語る貴重なお堂、本当に好き。

薬師三尊像は、高い須弥壇《しゅみだん》の上に、これまた高い蓮華座に座る、大きなお像のため、私は見下ろされるような格好になります。

薬師如来は顔が四角く、力強さを感じさせる引き締まったお姿。螺髪は大粒で、Ｍ字に額がカーブし、肉髻《にっけい》が低くて鎌倉時代の慶派っぽい印象です。両手で薬壺を持ち、衣はおとなしいです。造られた時代は諸説あるんですが、薬師堂ができた南北朝時代とするのが有力らしいです。

一方で日光・月光菩薩は、室町時代初めの朝祐《ちゅうゆう》の作だと分かっています。卵型のお顔で、柔らかな印象です。高く結った髪が可憐な印象を強め、足をゆるく崩して座る姿に連動して衣も派手に動いて豪華。

三尊に共通するのは、シュッと鋭い目鼻立ちと、うるうると輝く玉眼、そして法衣垂下です。建長寺地蔵菩薩坐像（Ｐ１７０）の法衣垂下も好みですが、覚園寺では法衣垂下を三倍量でご覧いただけます。バサーっと落ちる衣に「これが鎌倉なんだわ！」と親指をグ

おまけメモ

薬師堂：本来の参拝順序は、境内を右から反時計回りに巡るよう指示されている。私は撮影か何かでたまたま参道を直進して薬師堂までたどり着くという経験ができた。

ッと出したくなりますね。
左右の十二神将像は、日光・月光と同じ朝祐作で躍動感があります。１５０センチくらいの神将が、それぞれ頭の上に干支《えと》の動物を乗せています。神将の表情が頭の動物の特徴を受けているのもすごい！　例えば、寅神将は長い棒を手前にガツンとつき、足を開いて腰を引いて、虎が吠えるようなお顔。ポーズも個性が抜群。皆さん誰も見ていない間に動いて鍛錬《たんれん》をしていそうです。さらに彼らは北条義時と運慶に繋がる歴史を持ちます。これだけのメンバーに尊氏再建のお堂の中で対面できるのは、とても贅沢な体験です。

お寺の始まりは、鎌倉幕府の二代執権北条義時から。義時は、北条家の執権の座を確固たるものとすべく暗躍した超キレものです。北条家の危険因子になりうる一族を潰しまくったのも事実で、晩年は贖罪《しょくざい》の意識からか、「大倉薬師堂」と呼ばれる薬師堂を造ります。

１２１８年、北条義時は夢で戌神将のお告げを受け、翌年行われた源実朝の右大臣拝賀式に参列しなかったといわれています。そのおかげで実朝暗殺に巻き込まれず、代役の源仲章が命を落としたのです。その日は義時を救うべく白い犬が八幡宮に現れ、一方で大倉薬師堂十二神将像の戌神将像の姿が消えていたとか。

大倉薬師堂の薬師如来像は、あの仏師運慶に制作を依頼したもの。十二神将像も造られたでしょう。以降、大倉薬師堂は北条氏のプライベートのお堂でしたが、鎌倉後期には元

**おまけメモ**

薬師如来坐像の制作年代：鎌倉時代以降、何度も炎上し、再建がなされてきた覚園寺の諸仏。中尊の薬師如来坐像は南北朝時代の制作か、部分的には鎌倉時代か、と意見が分かれる。

寇の際に仏の加護を願うべく覚園寺として開創します。
その後火災にたびたび遭うも、南北朝時代に足利尊氏がお堂を再建。十二神将像は当初の像は失われましたが、当時大倉薬師堂の像とそっくりな十二神将像が、鎌倉に複数安置されており（その1組が現在、鎌倉国宝館にある像です）、その姿を参考に再び造ったのが現在の覚園寺十二神将像です。「なんだ運慶仏じゃないじゃん！」と思うかもしれませんが、運慶の系譜に繋がるものですし、義時が込めた魂はお寺に脈々と受け継がれています。だから私は、覚園寺では運慶仏のマネのマネかもしれない像に手を合わせて、義時や運慶のことを想いエモい気持ちになります。

覚園寺は環境保全のため写真撮影禁止で、あまり取材も受け入れていないお寺ですが、近年は2023年の大河ドラマ『鎌倉殿の13人』の人気にも後押しされて、参拝客が増えています。南北朝時代に足利尊氏が再建してからも、何度も火災や災害、さらに廃仏毀釈などの憂き目に遭いながら、最後は70年前に大規模な復興の作業がなされ、今、私に鎌倉の魅力を教えてくれています。義時の息吹を感じられるお寺を守ってくれた先人たちに改めて感謝するばかりです。

おまけメモ

覚園寺の授与品：覚園寺では、義時の命を救った戌神将をモチーフにしたオリジナルのお守りや御朱印などが授与されている。

# 第7章

# 大地が生んだほとけ

# 勝常寺　薬師如来坐像

## ◎生命力を沸き立たせてくれる、つよつよ仏様

会津の湯川村にある勝常《しょうじょう》寺《じ》の薬師如来坐像は、私に東北の魅力を教えてくれた仏様です。出会ったその時に、「ははぁー」とひれ伏したくなるほどの感動がありました。「ぬるく生きていてごめんなさい」と言いたくなったのです。東北地方の仏像の世界を、このお体全体で教えてくれるような姿はまさに〝東北の横綱〟です。

会津は、平安時代初期、奈良の都から布教のために旅立った徳一《とくいつ》というお坊さんが、たどり着いた場所です。

この時代の仏教界で有名な、天台宗の開祖である最澄《さいちょう》さんと犬猿の仲だったのが、徳一さん。2人が大喧嘩をした記録が残っているから、最澄さんと徳一さんは互角の人物です。お互いの仏教スタイルに相反するところがあり、徳一さんは「現世で悩む全ての者を救済し、悟りへ導くこと（衆生済度《しゅじょうさいど》）を実践するんだ！」と政治権力との繋がりが深かった

# This isみちのく

- 寺院名＆仏像名：勝常寺　薬師如来坐像
- 宗派：真言宗
- 時代：平安
- エリア：福島県河沼郡

奈良仏教を嫌がり奈良を離れました。実践の地を探したどり着いたのが、遥か東の会津。薬師如来を本尊とする五つのお寺を建立し、勝常寺はその中の一つで「中央薬師」と呼ばれています。その他にも数多くのお寺を建立し、会津を一大仏教都市へと花開かせました。

改めて薬師如来坐像の特徴ですが、9世紀に造られています。座って1・4メートル。台座も光背もついているので、実際はそれ以上の大きさです。

なんといっても重厚感のすごいこと！　下から見ると肩幅が広く横から見ると体がバーン！　と分厚い。唇も分厚い。螺髪《らほつ》は超大粒で、モリモリモリッと大盛りです。衣は一つひとつのシワが深くて、ザーザーザーッと大波が打ち寄せるようです。

この迫力は、会津の風土と徳一《とくいつ》菩薩《ぼさつ》の気骨が生み出した奇跡なのではないかと思います。会津を取り巻く自然環境は都のそれとは大きく異なります。水や森林資源など、自然の恵みを大いに受けながら発展したのが会津です。古くから交通の要所でもあり、『古事記』や『日本書紀』にも登場するそうです。古墳や奈良時代以降の遺跡も多く、文化が早くに栄えたことを感じ取れます。同時に、自然から迫る脅威ともいつも戦っていたのでしょう。東北地方は寒さが厳しいのはもちろん、熊も出るし磐梯山《ばんだいさん》も噴火するし……。

もう一つは徳一菩薩の気骨です。それは空海や最澄をリーダーとした平安仏教が始まろうとしている時代に、自分の信念を貫き通して彼らと対決したことに表れています。東国

おまけメモ

菩薩：「菩薩号」という称号。生きとし生けるものを救うべく修行に励み功徳をもたらす菩薩と同じ修行（菩薩行）を積んだ者、ひいては多くの人を救済に導いたり、多くのお寺を開いたりと功績がある高僧につけられる。他にも、行基菩薩などがいる。

に足を延ばして、仏教の都を新たに造る歩みを止めずに人々を救った精神は、今も仏教美術に継承されています。

　勝常寺のお薬師様を見ていると、そんな文化の賑《にぎ》わいと大自然の存在、徳一菩薩の強い信念を感じるのです。「私はここにいますから、なんとか生きていきましょう！」「全員、頑張るよ！」っていう、全てを包み込む力強さを持つビッグファーザーの心意気です。

　そしてその両側に立つ日光・月光菩薩立像も、薬師如来坐像と同じような特徴が色濃く表れています。かなり強い肉厚ボディで、「そこにいる」という存在感が強烈に出ています。決して下手ではない、でも超絶技巧でもない。見事に土地の宗教観と仏教の世界観が融合した個性を全面的に感じる東北顔です。

　人間の力なんて到底及ばない大自然とともに生きながらも文化を発展させた会津の人々。徳一菩薩の信心は彼らの力強さに呼応して花開いたのではないでしょうか。「強くないといけない」と、信心と生命力とを沸き立たせてくれる、かなり力持ちな薬師如来様です。

日本生まれの最強で最大の神、現る！

# 金峯山寺　蔵王権現

## ◎勢いよく飛び降りてくるプロレスラー仏

本書ではたくさんの仏像を紹介していますが、全て仏教発祥の地、インドにルーツを持つ仏様です。ここで、唯一の日本発祥の仏様を紹介したいと思います。「蔵王権現《ざおうごんげん》」です。〝蔵王〟から、スキー場で有名な山形県の蔵王を思い浮かべる人も多いでしょう。実は、山形県の蔵王は山に蔵王権現を祀っていることに由来する地名なんです。日本全国、山岳信仰のある霊験あらたかな山は修験道の行場となって蔵王権現が祀られることが多くありますが、その大ボスが金峯山寺《きんぷせんじ》の蔵王権現です。

金峯山寺は奈良県吉野山、標高３５０メートルほどの山中にあります。仁王門を抜け、国宝の本堂（蔵王堂）に鎮座するのが、三尊の蔵王権現です。毎年、春と秋の2回、ご開帳が行われます。ご開帳の時は、足元に襖で仕切られた個室が作られます。ちょっとした「面会室」みたいな建てつけですが、中に座って人目を気にせずにじっと祈ることができ

おまけメモ

蔵王堂（国宝）：高さ34メートル、四方36メートルの巨大な建造物。1592年に再建された。堂内は原木の曲がりを残した柱があり、山の迫力を感じる。

◆寺院名＆仏像名：金峯山寺　蔵王権現

◆宗派：金峯山修験本宗

◆時代：桃山

◆エリア：奈良県吉野郡

るのも良い体験です。

日本最大の秘仏で、中央は約7・3メートル、両隣は約6メートルという巨体。体は青黒。顔は目と口を大きく開き、髪は炎のように逆立ち、牙をむき出しています。人智を超えた存在であることが一目で分かります。この巨像は1590年、南都仏師の宗貞《そうてい》・宗印《そういん》らが造りました。宗貞さんたちはこの時代の大仏造りのトップランナーです。ムチムチの体からいかにも力が漲《みなぎ》っている迫力を大きさ以上に感じるからすごいです。

でかい！　怒っている！　怖い！　でも、じっと見上げると怖いだけじゃない。不思議な温《ぬく》もりも感じます。私のことを思って怒ってくれている――。そんな愛を感じて反省。どんなに強力な敵でも、目に見えない相手でも、きっと蔵王権現が守ってくれる。

ポーズや衣装も特徴的。こわ〜いお顔をした蔵王権現は、片足を上げてジャンプするようなポーズです。右手は三《さん》鈷《こ》杵《しょ》という仏教の法具を振り上げ、左手は腰に。「シュバッ！」と音を立てながら、プロレスラーがリングのロープから飛び降りてくるかの如く。腰巻きは虎の皮。アクセサリーもたくさん身につけています。意外とおしゃれさんです。

蔵王権現は、日本古来の「修験道」という、山で厳しい修行をする信仰のご本尊です。遥かなる峰々、豊かな森に畏敬の念を抱き、生命の源と考えた山岳を神聖視し、深山に入って修行することで自他の救済を祈るのが修験道。仏教のお経も唱えて、神道の神々にも

**おまけメモ**

行者さん：修験道の実践する修行者のこと。天狗のように黒い丸いもの（頭襟：ときん）をおでこに、白装束に丸いポンポンがついた袈裟（結袈裟：ゆいげさ）を身につけて、法螺貝を吹き、山をひた走る。

祈る、日本独自の信仰の形です。

　修験道の開祖である役行者《えんのぎょうじゃ》は、約１３００年前に全国の山で修行して霊地を開きまくった後、最後に吉野山より北に位置する大峯山の頂上で、千日間の参籠《さんろう》修行をしました。「苦しみの中に生きる人々をお救いいただけるご本尊様よ、現れてください！」と祈ったところ、まず釈迦如来、千手千眼観世音菩薩、弥勒菩薩の３仏がお出ましに。

　でも、役行者は３仏の柔和なお姿を見て「ちょっと優しすぎるな……」と、さらに祈念を続けると……ドンガラガッシャーン！　天地鳴動《めいどう》。山上の大盤石が割れ裂けて、雷鳴とともに湧き出るが如く荒々しい忿怒の形相のお姿の御仏《みほとけ》が！　金剛蔵王大権現《こんごうざおうだいごんげん》の登場です。役行者は「これぞ末法《まっぽう》の世を生きる人々のご本尊なり〜！」と、お姿を山桜の木に刻み、お祀りされたのでした。のちに、大峯山を南に降った吉野山にも蔵王権現を祀りました。吉野山は京都や奈良からアクセスが良いので、皇族貴族から民衆に至るまで数多の崇敬を受け、大いに栄えることとなりました。

　役行者が「優しい仏じゃあかん！　厳しいやつお願い！」と祈ってくれたからこそ、私たちはあの厳しい姿に身を委ねることができるんですね。山の厳しさと恵みを、全身で教えに来てくれている蔵王権現。日本には金峯山寺の蔵王権現がいるんだぜ！　と全世界に自慢したいと思います。

おまけメモ

吉野山の桜：役行者が蔵王権現を桜の木に彫ったことから、信者が信仰の証として吉野の山に桜を植樹することが始まった。今も吉野は桜の山として大盛況。

# 大分県　臼杵石仏

## ◎時空を超えて石仏ミステリーツアーへ

臼杵《うすき》石仏《せきぶつ》は、石仏界のスター集団、芸能界ならかつての石原軍団みたいな存在です。

臼杵石仏とは、大分県臼杵市に存在する磨崖仏《まがいぶつ》の史跡のこと。１０００年ほど昔の磨崖仏が61体も並び、全て国宝に指定されています。日本全国の石仏の中でも抜群の、確固たる古さと、美しさ、知名度を誇る存在なのです。

大分県は磨崖仏が多い土地で、全国の磨崖仏の約7割があるそうです。私の母方の祖父母は大分県にいて、高校生くらいまで毎年母の里帰りにつき合っていたのですが、恥ずかしながら当時の私はこの事実を知りませんでした。２０２３年、久しぶりに大分へ行き調べてみたら、立派なものがたくさんあるじゃないですか！　過去の自分を恥じたと同時に、こんなとんでもない街に親の故郷があることが誇らしくなりました。調子のいいもんです。

そんな磨崖仏の激戦区で特に有名なのが「国宝臼杵石仏」です。61体のほとんどが平安

おまけメモ

磨崖仏：切りたった崖や大きな岩、洞窟の岩壁などを削って造る仏像のこと。石で造る仏像（石仏）の中でも特に大きいものや自然岩を利用した仏像のことを指す。

◆ 寺院名＆仏像名：臼杵石仏
◆ 宗派：不明
◆ 時代：平安後期〜鎌倉
◆ エリア：大分県臼杵市

時代後期から鎌倉時代にかけて彫刻されたといわれています。ま～バラエティ豊かで、上手で、たまに下手っぴで、広大な地で、濃密で、最高の聖地です。石仏は「ホキ石仏第1群（堂ヶ迫石仏）」「ホキ石仏第2群」「山王山《さんのうさん》石仏」「古園《ふるぞの》石仏」の四つのエリアに分かれて鎮座し、石仏群ごとに特徴が違います。

特に上手いのが、13体の磨崖仏が並ぶ「古園石仏」の中尊、大日如来坐像。石原軍団でいう石原裕次郎さん。真ん中でひときわ大きなすごみを放っています。なんだか中国の石窟寺院にいるかのような風情なんです！　体や顔の立体感が素晴らしくて、特に顎《あご》がぷっくり前に出ているところが異国情緒を感じさせます。手を合わせていると、「ここは異国の遺跡では……？」と、ワールドツアーをしているかのような感覚に陥ります。

逆に、素朴なのが、「山王山石仏」。私の推しです。中央に丈六《じょうろく》の、左右に小ぶりの3体の如来像で構成されています。まん丸いお顔に小さい鼻と口、なんてのんびりした顔なんだ！　「明日学校で雑巾がいるんだって」って夜の9時に言ってくる時の子どもの顔です。心を掴まれましたねぇ。他の石仏群の磨崖仏も個性豊かで非常に賑やかです。

誰がどのような目的で造ったのか、はっきりとは分かっていませんが、巨大な崖を神聖視していたに違いないでしょう。また、全て平地を望むように彫られているので、池を伴う浄土式庭園を構成していたのでは、とも考えられるそうです。私は、石仏の個性から、

おまけメモ

石仏のケア：臼杵石仏では凍結防止のため、夜間は屋根からシャッターを下ろし、温度管理を行っている。冬場になると日中でもシャッターを下ろすことがあり、まるで美術館の中で石仏と向き合っているみたいになるそう。

厳格な仏教者の信仰心だけでなく、民間信仰とかエンタメの要素とかが入っているのではと睨んでいます。親しみやすさ、つまり拝む人と仏様の距離感の近さを感じるからです。臼杵石仏は平成の初期までひどくボロボロでした。古園石仏の大日如来なんて頭が地面にぼとりと落ちてしまっていたんです。少しずつ修復が進み、現在はどの石仏群も保護用の屋根と床が整備され、半石室のようになっています。

自然岩に彫られているから、日夜、自然環境によって風化してしまうのが磨崖仏の宿命。行政はその保護に苦労なさっています。しかも、磨崖仏を直しすぎるのはナンセンス。だんだん仏様が自然に戻ってゆく様子に磨崖仏ならではのロマンを感じるという面もあるんです（保存が物理的に不可能でもある）。臼杵石仏は絶妙な修復で、長い時が経過した風合いも残されています。おかげで石仏の前では神仏の世界に引き込まれる感覚に……。脳内ミステリーツアーの始まりです。

２０２１年には〝推し仏〟を選ぶ「国宝臼杵石仏美仏総選挙２０２１」なるものが開催されました。思い切ったＰＲです。しかも、総選挙というのでアイドルよろしく〝センター〟を決めるのかと思いきや、〝内閣総理大臣〟や各大臣を決めるガチな選挙でした。次の総選挙の折には、みほとけも有権者として愛すべき石仏の未来のために、清き一票を投じる所存です。

おまけメモ

国宝臼杵石仏美仏総選挙 2021：選挙ポスターを設置したりマニュフェストを掲げたりと、本格的。投票総数は１万票近くにも上った。第一次美仏内閣の総理大臣はホキ石仏第一群エリアの大日如来坐像。

恐ろしげで衝撃的な豊満ボディ

# 神護寺　薬師如来立像

## ◎激動の時代を見守ってきた大御所

まさに、一度拝んだら忘れられないランキング1位（みほとけ調べ）。

神護寺《じんごじ》の本尊薬師如来立像を見上げると、すさまじく恐ろしげなボディにおののきます。人体の構造を無視しまくったムッチムチの太もも。ここまで立派な太ももを持つ人はどこの野球界にもいません。アメリカのメジャーリーグにもいないでしょう。薬壺を持つ左手の指、広げた右手、足も腕もお腹も胸も全部太い。鋭くとがった剣山のような螺髪は、よく見ると一つひとつがタニシのようです。こんなわがままボディがあっていいのだろうか。

そして歌手の美川憲一さんも顔負けの〝への字〟の分厚い唇に、校門で朝から身だしなみを隅々までチェックしてくる教頭先生のようなきつい目つき。太い鼻筋に大きく丸い鼻は、ガツンといかつい。おばあちゃんにも、おじさんにも見える、不思議な顔立ちです。閉店間際のスーパーのお惣菜コーナーで焦ることなく堂々とお買い物してそう。

おまけメモ

薬師如来：病気を治したり心身の健康を守ったりしてくれる、お医者さんのような存在。現実の苦しみを除いてくれるので「現世利益（げんぜりやく）」の仏といわれる。

一度拝んだら二度と忘れない。

- 寺院名＆仏像名：神護寺　薬師如来立像
- 宗派：高野山真言宗
- 時代：平安
- エリア：京都府京都市

でも、ただ単に見た目が奇抜な仏像ではありません。平安時代が始まる激動の世に、神仏への信仰が生み出した正真正銘の「すごいお方」です。像高170センチ強で一木造り。体を覆う衣は深く刻まれ、衣文は省略されながらも大胆でリズミカルです。

ある仏像の写真集で神護寺の薬師如来の存在を知った私は、何度も何度も写真を見て恋焦がれる日々を送っていました。そしてついに念願叶う日が！　静寂な金堂の中、実際にお像を見上げた時は、写真の印象を忘れてしまうほどの衝撃を受けました。特に、横から拝むと、頬の前への出っ張り具合や体の分厚さに超感動！　厚い！　熱い！

不自然なくらい前に出ている太ももの部分には、彫りにくい木をあえて使用して一生懸命彫ったのだろうと感じました。たとえ彫りにくくとも、その木を使うことに意味があったのでしょう。その木は間違いなく〝霊木〟です。神護寺薬師如来立像は日本人のもともと持っている樹木を信仰する霊的感覚と、仏教の信仰が融合した奇跡のお姿なのです。

神護寺は京都市の西、紅葉の名所でもある高雄に位置します。最初は高雄寺と呼ばれた、朝廷に仕えた貴族和気清麻呂《わけのきよまろ》の私寺で、やがて愛宕山を中心とする大きな修行道場となりました。そこに、清麻呂が建立した神願寺という別のお寺が移されて合体するのです。薬師如来立像は神願寺の本尊だったようです。

神願寺の建立は781年。きっかけは、769年の「宇佐八幡宮神託事件」でした。

おまけメモ

神護寺：京都市内でも早めに色づき始める、京都屈指の紅葉の名所。山門に向かう古びた石段や、山間にたたずむ歴史ある伽藍、雄大な景色と楓とのコラボレーションは趣たっぷり。

「天井知らずの出世欲」こと僧侶道鏡が、天皇になろうとして阻止されたスキャンダルです。「宇佐神宮の神様から、道鏡こそ天皇に相応《ふさわ》しいというお告げがあった」という嘘の主張に対し、確認すべく任命されたのが清麻呂さん。八幡神から「いやいやそれはウソだよ！　なわけあるか！」と正しいご託宣を受けました。そんな道鏡VS清麻呂の戦いの最中、多くの学識と人脈を持ち、呪術も使いこなしていた道鏡に対抗し、「道鏡の怨霊や呪いに対抗できる仏様を〜!!」と願って彫られた神願寺のご本尊が高雄寺に移されたのが、現在の神護寺の薬師如来立像なのです。そんな背景があるから、恐ろしげな見た目になってしまったのではなかろうかと想像します。

当時は、桓武天皇が奈良の平城京を廃して、長岡京へ遷都。しかし天変地異や天皇に近い人間の不幸が続いて不吉に思い、すぐにまた平安京へ再遷都しました。激動と混乱の時代の変遷を間近で見届けながら、平安京の成立をサポートした神護寺。空海や最澄も平安仏教を成立させるべく、勉強のためにこもりました。のちには私の大好きな空也上人も参籠しています。

そんな愛宕山の最古参の一員である神護寺の薬師如来立像は、日本の仏教の発展を見守ってきた大先輩なのです。芸能界の大御所感でいえば、美川憲一さんそのものなのかも。畏怖の念を抱かずにはいられないお姿に、私はそっと手を合わせたのでした。

おまけメモ

国宝五大虚空蔵菩薩：毎年5月に多宝塔内部が特別公開される。塔内に鎮座する平安時代作の一木造りの五大虚空蔵菩薩像は必見。5体とも像高90センチほどの坐像で、密教らしい色気と緊張感のある佇まいが素晴らしい。

# 第8章

# 歴史ロマン
# あふれるほとけ

坂東の侍魂動く！

# 浄楽寺　不動明王・毘沙門天立像

## ◎アニメーション映画が脳内で再生される運慶のすごさ

ついに運慶《うんけい》の仏像のご紹介です。お待たせしました。運慶ファンの読者様には、いつになったら登場するのかと、寂しい思いをさせてしまったかもしれません。

ただ、当たり前のように「運慶」と書きましたが、「誰やねん！」と思った読者様もいらっしゃるかと思い、まずは運慶を紹介します。

運慶は、平安時代の終わりから鎌倉時代の初め頃に活躍した仏師《ぶっし》です。奈良を中心に活躍した仏師集団の中に生まれ、たぐい稀なる造像への探究心と血肉の通ったような表現力が、高く評価されています。政権が京都の貴族から、坂東（あるいは鎌倉）の武家へと移る時代の潮流の中で、武家に気に入られて活躍の場を東国にも広げました。源平の騒乱で、焼き討ちに遭った奈良の東大寺（Ｐ26）や興福寺（Ｐ18）の数多くの仏像再興も担当。有名な東大寺南大門の二王像もその一つです。

- 寺院名＆仏像名：浄楽寺　不動明王・毘沙門天立像
- 宗派：浄土宗
- 時代：鎌倉
- エリア：神奈川県横須賀市

このような理由で、当時は運慶が造像した仏像が多く存在したはずですが、今は運慶作と確定できる仏像はわずか18体。坂東《ばんどう》武者《むしゃ》が、自分の寺院のためにオーダーした仏像で現存するものもかなり貴重です。中でも私が推す、神奈川県横須賀市にある浄楽寺の仏像をご紹介します。

浄楽寺は鎌倉幕府の有力御家人和田義盛が建立したお寺です。源頼朝の挙兵でも奥州征伐でも武功を挙げ、侍所別当という鎌倉幕府を支える超重要なポジションにいたため、もちろん自身の領地横須賀のお寺も立派に造ったのでしょう。

一足先に、仏像を運慶にオーダーしていた北条時政への対抗心なのか、１１８９年、和田義盛も運慶にオーダー。浄楽寺には、阿弥陀如来・観音菩薩・勢至菩薩・不動明王・毘沙門天、なんと5体もの運慶の仏像を蔵しています。

5体どれも素敵ですが、今回は毘沙門天像を語らせてください。彼は、マジで動いています。手塚治虫の漫画の一コマを３Ｄ化したようです。アウトラインがはっきりしていて、誇張されたり省略されたりしていても無理を感じないんです。運慶の脳内では毘沙門天がアニメ的に楽しく動いていたに違いありません。それにエンタメの精神もあったと思います。だって、毘沙門天が動く様子が容易に想像できるんです！

浄楽寺の毘沙門天を前にすると、風を受けながら天から登場して「ズバババ……！」と

**おまけメモ**

**運慶の人気：坂東武者が運慶に仏像を発注する際は、「造仏を運慶に頼める俺ってすごくない？」みたいなステータスになるほどの人気者だった。**

敵をなぎ倒しまくる毘沙門天主演アニメーション映画が脳内放映されます。

どういうところが動いているように感じるのか、じっくり考えてみました。まず「バチー！」と瞼《まぶた》が開いて、玉眼《ぎょくがん》の水晶が光る魂の宿った目ですね。お顔もイケメンです。そしてポージングが上手なんです。毘沙門天の腰の突き出し、首のひねり、多宝塔を掲げる手の絶妙な位置、戟《げき》は肩よりだいぶ後ろに持っています。

このポーズのモノマネ、もちろんやりました。肩と腰がつりそうになりましたが、それくらい運動量が多くて大袈裟《おおげさ》です。でも、骨、関節、筋肉と程よくのった脂肪、全てが上手に連動しているからすごいんです。おかげで全体的に勢いのあることよ。

そして運動的な部分だけじゃないですね。指先や髪の毛の表現、衣のたなびき方など、ディテールへのこだわりがとんでもないです。時に大きな鼻が丸く突き出すところに、毘沙門天の強い性格を感じてなりません。

東国で自分たちの勢力を拡大するという大胆な挑戦を続けつつも、自分だけの造形に最後までこだわった唯一無二の存在。だから運慶の仏像世界は、私を虜《とりこ》にしてしまうのでしょう。

風が運ぶ慈悲　涙をためたうるうるアイズ

# 建長寺　地蔵菩薩坐像

## ◎大人になってから知った仏の魅力

私は地元が鎌倉なので、物心がついた頃からお寺は身近な存在でした。北鎌倉にある建長寺もその一つで、両親と一緒によく足を運んでいました。まだ幼い私にとって、近所にある大きな境内は、お散歩コースという感覚で仏像のイメージが希薄でした。

しかし、時は流れて大人になり、あることがきっかけでお寺に対する印象が激変したのです。私は21歳の頃、「ミス鎌倉」の一人として1年間、鎌倉市のPR活動をすることになりました。活動の一環として、建長寺で毎年2月に行われる「節分会《せつぶんえ》」に出席した時のこと……。手を合わせようとご本尊を見上げた瞬間、「でかーーーっ！」と、思わず大声で叫びそうになるほど驚きました。像高約2・4メートル、台座を含めると5メートルほどもあるお地蔵様が目の前に現れたのです。

お地蔵様ですから、見た目はお坊さん。人間っぽい親しみやすさを持ちながら、常人で

◆寺院名＆仏像名：建長寺　地蔵菩薩坐像
◆宗派：臨済宗建長寺派
◆時代：室町
◆エリア：神奈川県鎌倉市

はない尊さを放っていました。またその日の節分会では、僧侶による「大般若経《だいはんにゃきょう》」というお経の転読《てんどく》がありました。僧侶十数名が、全６００巻ある蛇腹《じゃばら》折りの経本を、頭上に高く掲げて開き、バラバラとページを宙に舞わせて閉じる。経本が宙を舞う間に大声で何かを叫ぶのです（〝何か〟とはお経の文言でした）。私は最前列でその様子を拝見し、心の中では「うわ〜っ！　なんじゃこりゃ〜！」と大興奮。度肝を抜かれてしまいました。

建長寺の静謐《せいひつ》な境内から仏殿へ一歩足を踏み入れると、巨大なお地蔵様、そして迫力あるお経のパフォーマンス！「どうだ！」「仏教ってスゴイんだよ！」と諭されたような衝撃がありました。仏像×仏教の底力がハートに突き刺さった瞬間が、私と鎌倉の仏像との最初の出会いだったのです。

建長寺は臨済宗なので禅宗です。禅寺禅宗のご本尊は、釈迦如来が一般的なセオリーなのですが、前述の通り建長寺のご本尊は地蔵菩薩です。これには生々しい歴史が関わっています。建長寺が建ったのは１２５３年。その前の時代、このエリアは「地獄谷」と呼ばれる罪人の処刑場でした。そこには罪人たちを供養するためのお堂があり、地蔵菩薩が祀られていました。建長寺のご本尊が地蔵菩薩なのは、その歴史を受け継いだからなのです。このような歴史を背負った今の建長寺ですが、地形的な理由から境内には常に風が吹いていて清らか。夏でも心地よい風が通り抜ける癒やしの場所です。

建長寺の地蔵菩薩は巨大ではあるのですが、優しい体つきで威圧感を感じさせないのがすごいところ！　台座から下に流れ落ちるような衣の状態を「法衣《ほうえ》垂下《すいか》」と呼び、中世の仏像のトレンドの一つです。建長寺の地蔵菩薩坐像の法衣垂下は、綺麗に波打ちながら勢いよくドドドドド……っと膝下から床へ滴《したた》り落ちているのがオシャレ！

私は仏像のなりきりもする芸人なので、建長寺の地蔵菩薩坐像もマネてみましたが、衣が特に難しかったですね。なりきり用のカーテン布を垂らしても、こんなに綺麗に波打たないんです。だから建長寺の地蔵菩薩様は、相当上質なシルクをまとっているんじゃないかと想像します。衣のリアルさと、美的センスの強い演出力に感動です。結構近くで拝観できるので、このオシャレ感を間近で体感してください。

そしてなんといっても目です。半眼ではあるのですが、強い視線を感じます。水晶で造られた玉眼《ぎょくがん》なので、光が当たるとうるうるしているように見えるんですよね。私は地獄谷の話を聞いてから、「罪人の苦労を背負って、彼らと一緒に泣いているんじゃないかな」と思うようになりました。物悲しく見える瞳が胸に迫り、〝エモ〟を感じざるを得ない仏様です。

日本最古！　時空を駆け抜けるアーモンドアイ

# 飛鳥寺　飛鳥大仏

## ◎超至近距離で拝める日本一古い仏像

「日本一古い仏像って何？」と、人からよく聞かれるのですが、実は答えは二つあります。答えの一つが、飛鳥大仏です。奈良県明日香村の飛鳥寺にいらっしゃる本尊釈迦如来坐像。３メートル近くあります。６０９年、飛鳥時代のナンバーワン豪族蘇我馬子《そがのうまこ》によって創建された蘇我氏の氏寺のために、日本最初の仏師である鞍作止利《くらつくりのとり》が造りました。国内で造られた仏像で一番古いものがこちらの大仏だと知った時は、大変驚きましたねぇ。

明日香村にある、飛鳥時代にできた飛鳥寺。これぞＴＨＥあすか。ここぞ飛鳥時代の文化の中心地でした。蘇我氏が、朝鮮半島から最先端をいく技術者や仏教者をた〜くさん招いて建てた日本初の本格寺院が飛鳥寺なのです（当時の名前は法興寺）。飛鳥寺を中心に、芸能や学問も盛んになって、天皇の住居も近くに置かれ、まごうことなき「首都」になったのです。きっと、今でいう東京の丸の内みたいな町だったんじゃないかと思います。

おまけメモ

日本一古い仏像もう一つ：信州善光寺の秘仏で本尊の一光三尊阿弥陀如来像（善光寺如来）。仏教伝来の552年に百済から請来され、自らのお告げで絶対秘仏となった。

◆寺院名＆仏像名：飛鳥寺　飛鳥大仏
◆宗派：真言宗豊山派
◆時代：飛鳥
◆エリア：奈良県高市郡

私が明日香村を初めて訪れたのは夏の季節でした。田畑と住宅が並ぶ平地、それらを縁取るように並ぶ山々、一見ありふれた景色ですが、視界に入るもののほとんどが古代の遺跡なんです。

あの丘が高松塚古墳で、あの山っぽいのが天武・持統天皇陵、あの寺は聖徳太子ゆかりの寺、あれは古代の謎の石造物……。強い日差しの中で、濃い草木の香りを感じながら歩く古墳では、時間の流れがゆっくりに感じるような、でも飛鳥時代の情熱があふれ出ていそうな、不思議な感覚を覚えました。これが「ロマン」というものか！　１５００年前に日本が国家を作り始めた時の「飛鳥の風」を、ぜひ生で感じてみてほしいです。

話を戻すと、飛鳥寺で蘇我馬子はもちろん仏像も造りました。それが飛鳥大仏です。座って３メートルもある大きなお体に、お顔は縦長、瞳は「アーモンドアイ」、口元は「アルカイックスマイル」。どこか異国情緒を感じるような顔立ちで、リアルな人間っぽさよりかは、記号的で超人的な造形だと思います。造った鞍作止利は大陸からやってきた一流のアーチストでしたから、当時の大陸のトレンドスタイルを日本で再現してくれました。大きなアーモンド形の瞳と微笑む口元は、拝む私の心を捉えて離してくれません。

実は飛鳥大仏は鎌倉時代に大きな火災に遭い、大部分が燃えてその後修復されています。それでも顔の大部分や手の指先は当時のままだそうですし、体部など、その他の部分も精巧に再現された姿だと思っていいでしょう。1500年前の人たちにとって、偶像崇拝自体が新しかったようですよ。あの目を見た時、どんな気持ちだったのかなぁ。ある種の恐ろしさもあったのかもなぁ。

　国宝で間違いなしのすごさなのですが、修復部分が多すぎるゆえに重要文化財のままです。ただ、国宝じゃないからこそ、私にはうれしいことがあるんです。

　こんなすごい仏像がね、本堂でガラスケースなし、超至近距離で拝めるんです。写真もOKという寛大さ。語弊を恐れずに申し上げると、まったく偉そうにしていないんです。境内には、無料の飲み水と、手作り感あふれる灰皿、お寺の関係者が手入れしているであろう花々、などのアットホームさがあふれています。お庭を抜けた先には蘇我入鹿《そがのいるか》の墓があるので、その歴史の重みと今感じる親しみやすさのギャップに胸が苦しくなり、その時こぼれ出た言葉が「最高かよ……」でした。

　飛鳥寺を参拝した時、5歳と8歳の女の子のお友達も一緒でした。仏像を見上げた少女たちは「ぶちゅぞうだ……」と言いながら、固まって動かない姿も微笑ましかったです。アーモンドアイの飛鳥大仏が、ウルトラマンみたいにかっこよく見えたのでしょうか。子どもにも人気が出るな、と私は確信しました。

**おまけメモ**

お寺の喫煙事情：2024年1月現在、飛鳥寺は境内で喫煙可能。昨今、喫煙者への風当たりは強いが、大変寛容なお寺である。全国的に実は境内に灰皿が設置され喫煙OKなお寺は散見され、喫煙者たちの憩いの場になっている。

# 六波羅蜜寺　四天王立像

## ◎クラウド上の空也上人と通信できるエモさ

好きな人が好きなものを好きになる。〝恋愛あるある〟ですよね。彼氏がロック好きなら自分も聴くようになる、みたいな。私の場合これが仏像にも適用されます。つまり、最推しの空也上人（Ｐ２２８）が拝んでいた仏像を好きになる、ということです。ここでは現在、六波羅蜜寺の宝物館（令和館）の１階にいらっしゃる四天王立像を紹介します。

空也上人が９６３年、鴨川の東側に西光寺を建てる時、幅広い階層に勧進を募り、金色一丈の十一面観音像、六尺の梵天・帝釈天、四天王像と金字の大般若経を完成しました。盛大な法要を営み、町の人は大いに喜んで、鴨川の向こう側まで並んでいたそうです。

そう、六波羅蜜寺宝物館の四天王像は、この時のソレです！（なお増長天像のみ鎌倉時代）。空也上人が生涯をかけて救済した人々とともに建立した寺の、創建当時の仏像なのです！　絶対に魂を入れた（開眼法要をした）のは空也上人だし、毎日手を合わせていた

◆寺院名＆仏像名：六波羅蜜寺　四天王立像

◆宗派：真言宗智山派

◆時代：平安、鎌倉

◆エリア：京都府京都市

に違いない、と私は踏んでいます。つまりは「空也上人が祈った心」が四天王像にも宿っているはずで、今私が拝むことで仏像を通じて、お空の上の空也上人と魂で触れ合うことができているのでは⁉　……そんなやばめの妄想を膨らませていつも感動しています（もちろん本尊十一面観音菩薩立像にも同じことがいえます）。

ただ、空也上人が拝んだからという理由だけで好きなわけではありません。お像も素晴らしいです。像高1メートル80センチを越える立派なもので、広目天・持国天・多聞天は平安時代に造られ、増長天は鎌倉時代に補作されています。

平安時代の3体は動きが硬いようですが、腰の重みとデフォルメされた顔に「肝心なのは心だ！」という説得力があります。東寺の四天王像を真似しようとしていて、でも微妙に体が平面的で迫力に欠けるのが可愛いところ。鎌倉時代の増長天像は、洗練された肉体表現のうまさが際立ちますね。さすが運慶一門のお膝元、六波羅蜜寺。御髪の毛筋の彫りが繊細です。でも、平安時代の独特の迫力の隣では、洗練されすぎて味が足りない気も……。そんな四天王像ですが、鎌倉時代の仏師が増長天の衣装やポーズを見事に馴染ませるように彫ったので、4人のチーム感は抜群です。

ちなみに、四天王像に囲まれている薬師如来坐像もすごいんです。平安時代の仏像で、寄木造りの仏像としては日本最古級。仏像彫刻の歴史において貴重な一作です。まぁ、初

おまけメモ

本尊十一面観音菩薩立像（国宝）：12年に一度、辰年だけのご開帳。こちらも空也上人が西光寺を開いた時に造立した金色の観音像。国宝十一面観音7（P48）のうちの1尊。

めは内部構造のすごさというのは分からなくって、「アヒル口でちょ〜かわいい」と思っていました。ポテトチップスを2枚反るように重ねてくわえるとアヒルの口みたいになる、アレです。こんもりとした螺髪、重みのあるボディの丸みも相まって、時代の重みを感じるお姿ながら、唇のチャーミングさには心奪われました。

他にも、六波羅蜜寺には、各年代を代表するスター仏像が揃います。六波羅蜜寺が建っている一帯が、歴史上の重要地点であることが理由の一つでしょう。平安時代後半に平家の屋敷が境内に並んでいた名残で、おどろおどろしい顔をした平清盛像が残ります。鎌倉時代には幕府が京都を監視する役所（六波羅探題）が置かれました。近くには運慶の工房が構えられ、運慶による地蔵菩薩坐像やその一門による仏像が造られました。運慶の肖像彫刻、もちろん空也上人像もあります。江戸時代は民間信仰が盛んになって、閻魔大王や弁財天なども造られます。時代ごとの貴重な仏像が数多くいらっしゃる六波羅蜜寺は、近年は参拝客で大変賑わっています。

四天王像と十一面観音像に空也上人の魂が息づいているなら、こんな時代の変化を空也上人も見ていることになります。いろいろ驚くことはあるだろうけど、まさか自らを「みほとけ」と名乗るけしからん女が、自分を熱く語っているなんて、呆れているかもしれませんね。

**おまけメモ**

一木造りと寄木造り：平安時代初頭までは木の仏像は1本の木で彫り上げる「一木造り」が主であった。次第に、寄木造りが始まり、平安後期の定朝により、完成した。薬師如来坐像は、その過渡期に製造された貴重な仏像。

「お釈迦様に会いたい……」寂しさから生まれた初めての仏像

# 清涼寺　釈迦如来立像

## ◎国宝の絹で造られた内臓

通称「嵯峨釈迦堂《さがしゃかどう》」と呼ばれている、京都の清涼寺のご本尊です。こちらの如来像は、なんと、像内に内臓が納入されていたことで有名です。仏像の像内に経典が入っていることはよくありますが、このお像の中には経典の他に中国のお金や、絹で造られた内臓の模型が入っていたんです。しかも解剖学的に正しい配列で入れられていたそうです。

私は看護師の資格を持っているので、臓器には詳しいんです。だから清涼寺の展示室へ、厳しい目で内臓模型の複製を見に行きました。昔の人が造った模型なんてどんなもんじゃい、と少々舐《な》めた態度でしたが……実物を見て「すみませんでした」と謝りました。ちゃんと内臓に似た形をしていました。

像内になぜ内臓模型が納入されていたのかというと、背景には、清涼寺の釈迦如来像は「インド・中国・日本と伝播した〈三国伝来〉の仏像」であるという特別な秘密がありま

# 生きている。

◆ 寺院名＆仏像名：清凉寺　釈迦如来立像
◆ 宗派：浄土宗
◆ 時代：鎌倉
◆ エリア：京都府京都市

す。

時はお釈迦様が生きていた２５００年前。その頃の古代インドからストーリーは始まります。当時すでに亡くなり天に昇っていたお母様に会うため、お釈迦様は「一旦私も人間の世界を離れますね」と言ってこの世からいなくなった時期がありました。

ある王国の優塡王《うでんのう》という王様はお釈迦様が大好きだったので、お釈迦様お留守の寂しさに耐えられず、お釈迦様のお姿をフィギュアにして寂しさを紛らわせたんです。この世に戻ってきたお釈迦様はそれを見て、あまりに見事に造られていたことに驚き感動。「これはもう私そのものだから、私が本当にこの世からいなくなったらこの像を私だと思ってください」と自ら開眼。魂を入れたのです。これが世界で初めての仏像といわれています。

そうして、このお釈迦様の像は、後にインドから中国・宋に伝わったとされ、宋を巡礼していた奈良の東大寺の奝然《ちょうねん》というお坊さんと出会います。奝然さんはそのお像を模して新たに釈迦如来像を造り、日本に持ち帰りました。それが清凉寺の釈迦如来立像というわけです。

お釈迦様の生身《しょうじん》のお姿を写して造られたといわれている仏像。いや、「仏像」じゃない、「お釈迦様そのもの」という主張です。生身とは生きているということ。だから内臓があるのです。

おまけメモ

仏像の始まり：お釈迦様は自分の姿ではなく教えを大切にするようにと遺言を残したため、仏像は長いこと造られていなかった。しかしギリシャ彫刻を見た人々が「教祖の像ってよくない？」と影響されて、仏像が造られ始めた。

内臓から話しちゃいましたが、外見も特徴的です。海を渡って来たので異国情緒を感じるというか、日本の仏像とは見た目がだいぶ違うことが分かります。髪の毛はパンチパーマのような螺髪《らほつ》ではなく、コマを回す時、コマのお尻に縄を張るように、おでこを中心に縄をぐるっと巻いたようなヘアスタイル。衣は両肩まですっぽりと覆っています。全体的に動きはなくて、ヌボーッと立っていらっしゃる。存在感が独特で、吸引力がありますね。

初めて見た時の印象は、ヌルッとドドドッオオオ~でした。仏像自体に動きはないのに、まるで生きているようなツヤがあって濡れたような衣。この中に臓物が入っていたのか……。やはり生きているんじゃないか？　と思えてしまうような不思議な感覚でした。

そしてこの独特な仏像は、鎌倉時代に日本でブームを起こします。清凉寺の釈迦如来立像を模して造った仏像は「清凉寺式釈迦如来像」と呼ばれ、日本全国に数多く造られ始めるのです。このブームが起こったのは、「やっぱお釈迦様のオリジナルを味わいたい」という人たちがおおぜい現れてきたからじゃないでしょうか。たとえるなら「ハリー・ポッター」シリーズが好きすぎて、英語の原作を一生懸命読んでいる女子高生が出てきたみたいな感じだと思います。日本にはさまざまなキャラクターの仏像がいますが、特に個性が強いのが、この清凉寺式釈迦如来像の皆さんです。

畿内から舞い降りた、調布のプリンス

# 深大寺　白鳳仏

## ◎少年のような微笑みと波乱万丈な人生

２０１７年に国宝に指定された若きプリンスをご存知か。深大寺《じんだいじ》の白鳳仏《はくほうぶつ》と呼ばれる、釈迦如来像です。東日本最古で、東京都内唯一の国宝仏なんです。

深大寺といえば、調布の名所であり、お蕎麦《そば》が有名。都内でも豊かな自然のある地区として人気です。そちらにおわします、銅で造られた釈迦如来は、台座に腰かけて脚を自然に開いて余裕たっぷりに座っています。つるりんとした肌感に、ぽてっとふくらむお腹回り、柔らかく微笑んだお顔で、若さが弾け出る！　拝む私の目はハートになります。

私が深大寺の白鳳仏に初めて会ったのは、「調布エフエム」でレギュラー番組が始まった頃でした。当時は国宝指定されたばかりで調布の街は大盛り上がり。白鳳仏のお顔がバーンと載ったポスターが、街の至るところに掲示されていました。

ラジオ共演者の同年代の女子たちとお喋りして局まで行き来する中、私はそのポスター

- ◆寺院名＆仏像名：深大寺　白鳳仏
- ◆宗派：天台宗
- ◆時代：飛鳥
- ◆エリア：東京都調布市

に目が行き、実は内心お喋りどころではありませんでした。

　イケメンに一目会いたいと、ついにバスに乗って深大寺まで足を運び、目の前で拝観させていただいた時、「キュン」と心が跳ねたのを覚えています。まるで、校舎で憧《あこが》れの先輩と偶然目が合ってしまった瞬間……、みたいな心の躍動です。まぁ、私は女子校だったので、そんな経験は一度もないのですが。多分そんなトキメキに違いないです。

　のちに深大寺とは、お仕事でも関わる機会をいただくようになりました。取材で間近に寄っていろんな角度から拝観させていただきました。その優美な曲線に死角はなく、指先一つとっても圧倒的なスター感がありました。特に展覧会への運び出し作業の際に、持ち上げられる白鳳仏を斜め後ろから見て衝撃でした。お尻まで尊い。全体が蓮の葉に落ちた水滴のようなまとまりと瑞々《みずみず》しさなんです。これだけ美しく、そして古いものが武蔵国《むさしのくに》に存在する奇跡に感動しました。

　飛鳥時代の後期のことを美術史では白鳳時代と呼んでいた時期がありました。その時期に造られたので、今私たちは深大寺の釈迦如来のことを白鳳仏と呼んでいます。そして同時期に造られた奈良県新薬師寺（Ｐ１３４）の香薬師《こうやくし》像、法隆寺の夢違観音《ゆめたがいかんのん》像、そして東京の深大寺の釈迦如来像は「白鳳三仏」と呼ばれ、白鳳時代を象徴する三つの美仏に数えられます。彼らはアイドル新御三家《ごさんけ》みたいな３体だと思ってください。仏像界の郷ひろみさん・西城秀樹さん・野口五郎さんです。

ただ、こんな華々しい深大寺の白鳳仏ですが、実は少し昔は、存在を忘れられそうになっていました。かつては深大寺に流れ着き、本尊として大切に祀られていたのですが、江戸時代に大火災、明治には廃仏毀釈などの憂き目に遭い、元三大師堂《がんざんだいしどう》の須弥壇《しゅみだん》の下に放置されるという事態に。古代の仏像が文字通り〝眠っていた〟のです。

１９０９年、当時東京帝国大学助手であった柴田常恵さんが「壇の下になんかあるぞ？」と引っ張り出してビックリ。「古代の金銅仏だ！」と大騒ぎに。途中、売り飛ばされそうになる危機に遭いながらもなんとか重要文化財に指定され、多くの参拝者が集う人気者となりました。

さらに造像当時のミステリーも語らせてください。深大寺の白鳳仏の造像の背景は分からないのですが、見事な造形と高度な鋳造技術など、白鳳三仏の他と似ているポイントがあることから、当時の文化中心地の畿内において、他の2体を手がけたのと同系統の一流工房によって造られたと考えられています。

また、香薬師像は、光明皇后の念持仏（マイ仏像）。夢違観音像は天下の法隆寺にあります。深大寺の白鳳仏も同様に、中央政権のやんごとない誰かの仏像であった可能性が高いのです。こんなすごい仏像が、なぜ遥か東の調布にある深大寺に送られたのか、まだは

おまけメモ

海外での評価：2016 年、白鳳仏はイタリアの展覧会によばれ、海外デビュー。その地でさらに注目を集め日本に戻ってきたため、国宝指定への道を歩んだ。

っきり分かっていません。これが昨今、深大寺の内外で熱烈に議論されています。

武蔵国の深大寺と中央政権の関係を探ると、武蔵国の国司を2度も務めた高麗福信《こまのふくしん》という男がキーマン。故郷の武蔵国の国司に任じられた際に、白鳳仏をもらってきて、祀るのに選んだ場所が深大寺だったらしい。深大寺を開創した満功《まんくう》上人《しょうにん》も渡来人系の人物で、高麗福信と兄弟だった可能性が高く、太いパイプがあったと考えられるからです。

「可能性が高い」「考えられる」と歯切れが悪く申し訳ないです。まだ言い切ることはできないのですが、上記の説が今もっとも有力です。2023年、深大寺で「白鳳仏伝来の謎」を追究する研究者が一堂に会するシンポジウムがあり、福信さんと満功上人は異母兄弟だ、いや同母兄弟だ、福信は白鳳仏を直接譲られたか、いや元の持ち主の荷物が没収された後に譲り受けた、など（細かすぎる話題にも思えますが）、重要ポイントが超絶議論され、大いに盛り上がりました。今後の研究結果からは目が離せません！

奈良時代に満功上人が開創した深大寺は、今の境内地の何倍もある巨大寺院でした。創建については伝説で「福満（満功上人の父）は村の娘と恋仲になったが娘の両親が反対。娘を湖に浮かぶ島にかくまってしまう。しかし福満が深沙大王《じんじゃだいおう》に願ったところ、深沙大王が霊亀《れいき》の姿で出現し背中に乗せてくれて無事に島へたどり着き、娘と結ばれた。満功上人は両親の恋を成就させた深沙大王を祀る寺院を開創」と伝わります。

**おまけメモ**

高麗福信：高句麗から渡来した一族の三世。武蔵国で生まれる。相撲の腕を買われ、中央にスカウトされて大躍進。孝謙天皇の右腕ともいえる地位まで上り詰めた。高貴な人から白鳳仏を預かり、武蔵国に持ち帰ってもおかしくない。

確かに、深大寺の周りには水が今も絶え間なく湧き出ていて、新鮮な緑に囲まれた気持ちのいい場所です。きっと古代、清らかな水を求めて集まった人々が、水神信仰を生み、やがて仏教の伝来とともにこの霊地に注目してお寺ができ始めたのでしょう。周辺の地名には〝じんだい〟と名のつくものが多く、さらに渡来人系の人に由来するものも神社仏閣に存在します。深大寺は遥か昔の武蔵国に想いを馳せながら伝説を体感できる景観で、日常と神秘的な世界を行ったり来たりできて、大好きです。

満功上人の両親の恋を結んだ深沙大王を祀る深沙堂には、縁結びのご利益があるんですよ。清涼感のある緑に囲まれてひっそりとたたずむお堂ですが、私は売れないアイドル時代、ここでお参りをしてからお仕事が増えて、この本を書くまでに至っていることもあるので、縁結びのご利益は間違いないでしょう（私の場合は仕事との縁ですが）。

悠久の時を経ても、若々しい微笑みで私たちを迎えてくれる白鳳仏様。さまざまな困難に遭いながらもほぼ完全体で残っていることは深大寺の人・土地に宿された仏様のご利益だと、私は言い切ります！　白鳳仏は歴史を象徴する偉大な存在ながら、今では私たちの素朴な祈りまでも受け止めてくださる、武蔵野の王子様に違いありません。

さらには、深大寺といえば厄除け元三大師も重要です。しかし、これだけでもあと３０００文字くらい語れてしまうので、またの機会に。

おまけメモ

深大寺の現在：今の深大寺の僧侶の皆さん・職員の皆さんも非常にセンスがいい。亀の形の縁結びの絵馬が授与されたり、恋にまつわる小説のコンテストが開催されたり、日々さまざまな取り組みが行われている。

# 第9章

# ご当地スター
# ほとけ

# 大徳寺　横山不動尊

## ◎守り守られた人と仏像の物語

お寺の正式名は大徳寺。仙台市から北東に約80キロ、宮城県登米市津山町に位置します。「横山不動尊」の名で親しまれています（仏像も同じく横山不動尊と呼ばれている）。

平安時代後期に東北地方を治めた奥州《おうしゅう》藤原氏は、平泉《ひらいずみ》に一大仏教都市を築き、周辺地域にも仏教のブームが起こりました。その時、藤原氏の勢力下によって山の上に創られたのが横山不動尊です。当時は金剛寺という名前でしたが、16世紀に曹洞宗に改宗して大徳寺になりました。

ご本尊の木造不動明王坐像は像高２７５センチ、火炎光背と台座も入れると5メートル近くもある威風堂々とした大きなお不動様です。平安時代にできた、寄木造りの像で、国の重要文化財に指定されています。

９００年近い歴史を持つ横山不動尊のすごいところは「完全体」で伝わっていることで

◆ 寺院名＆仏像名：大徳寺　横山不動尊
◆ 宗派：曹洞宗
◆ 時代：平安
◆ エリア：宮城県登米市

す！　胴体や顔、腕、など体の全てはもちろん、なんと右手で握る宝剣までも造られた当時のものなんです。

木造建築のお寺は火災の被害が多く、戦争、地震、廃仏毀釈《はいぶつきしゃく》など、仏像を取り巻く災害は数知れず。仏像を無傷で守り切れるのは稀《まれ》なことです。特に持物《じもつ》や指先、冠など飛び出ている部位は失われ、後に修理で足されるのがよくあるケース。だからこれほど大きなお姿のお不動様が「全て」平安時代の当時のものなんて、こんな貴重なことはないのです。

江戸時代には荒廃していた大徳寺を、仙台藩主伊達《だて》綱村《つなむら》公が、大規模に修復しました。綱村公はいろいろな人から怒られちゃうくらいお寺や神社にお金をかけてしまっていたのですが、おかげで本堂や木造の不動明王も綺麗になりました。

１９２６年には近隣の民家から火が出て、本堂が延焼したことがありました。その時、３３０キロのお不動様を村人６～７人で、安全な場所まで運んだそうです。これぞ火事場の馬鹿力。そのくらい地元民から愛されるお不動様ということも分かりますね。

しかし、つい10年前まで、左手の人差し指だけは折れて失われていました。２０１１年の東日本大震災でも被害に遭い、構造的に弱くなっていた接合部などが破損したため、京都へ大修復に出された際に奇跡の発見があったのです。立役者はお寺の奥様と仏師さん。奥様は「お不動様の指をいつか直せたら」と心を寄せていました。そこで、仏師さんにこ

おまけメモ

黄金の不動明王：像内には10センチの黄金の不動明王坐像が納められている。大きな不動明王を造立する以前はもともと、この黄金の像をお祀りしていたそう。

の機会に修理できないかこっそり相談したところ「見つかったらつけることはできるが、想像で新しく足すことは厳しい」と難色を示されたんだとか。しかし、仏像を運び出す作業の時です。仏師さんは台座に落ちている木のかけらに気がつきます。「これは奥様が言っていた指先だ！」。その後、無事にくっつけて、今の完全体のお不動様になったのです。

拝観に伺った時は、初めて見上げる巨体の迫力に息を呑みました。腕や体つきに地方仏らしい素朴な味わいもありつつ、見開いた目とギューッと下唇を噛《か》む歯に、「くぁ！」と音が聞こえてきそうな勢いです。私は地面を這《は》うような姿勢になって、下から拝観しました。炎をまとったお不動様が上から降ってくるようで、あまりの強烈さに興奮を抑えきれず、頬が赤らみました。

私は平安時代の地方の仏像には彫刻の技術的なうまさよりも、「彫りたくて仕方がないんです！」みたいな有無を言わせぬ力強さがあると感じるんです。完全体で守られたおかげで、そうした平安時代らしさもたっぷり感じることができました。

ご住職から「お不動様に守られてきた人々の、お不動さんを守りたいと願う気持ちが約９００年間紡《つむ》がれているんですね」というお話を聞いた時は、首がもげるほど頷《うなず》きました。東日本大震災での危機を救ったのが今のご住職と文化庁。１００年後には誰がこの奇跡を繋げているのでしょうか。

# 財賀寺　二王像

## ◎アナログな光の演出がよき

お寺の門番でもある二王像。私は〝仏像界の一番バッター〟と呼んでいます。お寺に参拝する時、必ず最初に出会うのが二王像だからです。二王様が門前で魔を退治してくれているからこそ、私たちは安心してお寺の門をくぐることができるのです。

東大寺南大門の像のような国家レベルの超大作もあれば、村の人たちがオリジナルで造ったゆるい像まで、二王像はバリエーション豊富なところが魅力。語りたい二王像はたくさんあるのですが、私がこれまで出会った中でも一番印象的だった、愛知県豊川市にある財賀寺《ざいかじ》の二王像のことを語ります。

財賀寺は奈良時代に僧侶の行基《ぎょうき》が創建し、空海が中興、中世に源頼朝が再建したと伝えられています。歴史的有名人の3コンボです。すごい。戦国時代にはこの地の有力武将牧野氏によって再建され、その後、今川氏・徳川氏により庇護を受けました。

◆寺院名＆仏像名：財賀寺　二王像

◆宗派：高野山真言宗

◆時代：平安

◆エリア：愛知県豊川市

今でも観音山の中腹から山麓にかけての一帯が境内です。密教寺院として奥の深さを感じます。仏像は、地域色の濃い二十八部衆《にじゅうはちぶしゅう》や、都っぽさがある阿弥陀如来像などもいらっしゃってラインナップが充実しています。

山寺の入り口、堂々とした八脚門の両脇に立つのがこちらの二王像。3・5メートルを超す大きさで、体に対して立っているスペースがやや窮屈に感じます。この二王門とのコンビネーションが大迫力でかっこいいのです。もはや、この門の柱になっているようにさえ見えてきます。私はあえて離れた位置から二王門と景色全てを見る、という拝観をさせてもらいました。遠く離れても伝わる二王像の存在感に感動し、山ごとここで守っとるんやで！　という二王像の声が聞こえてきた気がします。

二王像は外にいる存在なので、どうしても雨風にさらされます。平安時代後期に造られたといわれる財賀寺の二王像は、長い年月を経て彩色が落ちて木肌が露《あら》わになっています。その木肌の渋さが、二王像のかっこよさを引き立ててくれているのですよ。

二王像といえば、運慶《うんけい》・快慶《かいけい》が制作指揮をとった東大寺南大門の像が有名ですが、こちらの二王像も負けず劣らずの迫力あるイケメン。丸く力んだお顔、体には超ボリュームの筋肉、指先まで力がグッと入っている緊張感あるお姿に、片足重心でポーズを決めている。キャーステキ〜！

おまけメモ

二王像の由来：正式名は金剛力士像（こんごうりきしぞう）だが、門で守ってくれる2体のコンビということで二王像とも呼ばれる。

財賀寺の二王像の魅力はまだあります。住職オリジナルシステム「セルフライトアップ演出」です。二王像より5メートルくらい手前にコインを入れる古い装置があり、100円玉を投入してみると、照明が点いて二王像の足元からパッとオレンジ色の光が照らします。3分間くらい経《た》ったら、スン……と光が消えました。数分だけ光の演出が自分で操れるというサービスでした。観光地の展望台によくある1コインで数分間使える望遠鏡みたいなシステムですね。

なんとノスタルジックなのか――。この光の演出装置を置いた当初は最先端だったのかもしれません。でもおそらく設置してから時を経て、今はなんとも懐かしさが漂っています。これは、お寺さんの「光を当ててより楽しんでくださいね」という、サービス精神の表れだと思います。私はもう一度コインを入れ、光が当たっているうちにと、駆け足で二王像まで行きました。屋根の下で暗いままの二王像と、光を当てて見た二王像とでは印象が違い、より楽しめました。ありがたいなぁ。立派な仏像に対するこの手作り感満載のテクノロジー。絶妙なローカライズ。このチグハグなところが、愛《いと》しかったのです。

約900年も屋外に居続ける二王像。暑いでしょうし、寒いでしょうし、雪が降る時もあるでしょう。虫も止まるでしょう。そんな中、変わらず勇ましい姿で迎えてくれる二王様に南無～！

おまけメモ

二王像の由来2：二王像は江戸時代頃から「仁王」と書くようになった。そのため、門の名前も「仁王門」とすることが多い。

燃やされそうになった仏像

# 南禅寺　薬師如来と仏像群

## ◎奇跡の再発見ストーリー

南《な》禅《ぜん》寺《じ》は伊豆の河津にあるお寺で、温泉や河津桜が有名な土地です。「伊豆」と聞いて仏像を思い浮かべる人は少ないかもしれませんが、実はびっくりするほど仏像の多いところなのです。中央（奈良や京都）から離れた地方の仏像というのは、都の真似の真似でだんだん下手っぴになっていくことがよくあります。しかし、奈良や京都の仏師が来て彫ったような、中央との交流が感じられるものもとても多いのが、伊豆のすごいところ。平安、鎌倉、室町、江戸時代といろんな時代の大変立派な仏像が多いんです。そんな素晴らしい伊豆の仏像の代表ともいえるのが、南禅寺の仏像群です。

南禅寺のご本尊薬師如来坐像は平安時代前期に造られた静岡県内最古の仏像です。めちゃくちゃ重厚感があって品もある。京都の大寺院のご本尊にいらしてもおかしくないような見事さです。正面から見るとお腹がポコッと出ていて、下半身はどっしりと太っていて、

- 寺院名＆仏像名：南禅寺　薬師如来と仏像群
- 宗派：真言宗
- 時代：平安
- エリア：静岡県賀茂郡

なんだかかわいらしい。伸びやか〜なお顔にはとてつもなく癒《いや》されます。そして後ろに回ってぜひ見てほしいのがお尻です。お尻もまあるくてかわいい。

それから、カヤの木を使った一木造りの太い二天像が特にめちゃくちゃかっこいいのです……。ヨーロッパの巡回展でも絶賛されたという功績もある二天像は、両腕が亡失してはいますが、ポージングだけでものすごく躍動感とかっこよさが伝わってくるんです。いかついお顔で腰つきはグイッとねじれていて。両腕が欠けているからこそ際立つ体幹部の魅力。気高い騎士のような、一人称が「私」のタイプの紳士のかっこよさです。うっとり。

その他、菩薩像や天部の像なども数多く残っています。朽ちかけてボロボロになってしまっている仏像や、体幹部分や腕など体の一部しか残っていないものもありますが、わずかな部分からでも伝わってくる存在感があります。体の朽ち具合で時間経過を感じながら、遺《のこ》された仏像の多さに、かつては大寺院だったのだろうな〜と想像が膨らみます。

南禅寺が所有するこれらの仏像は、２０１３年にお寺の横にオープンした「伊豆ならんだの里　河津平安の仏像展示館」に展示されています。

展示館ができるまで、南禅寺には小さなお堂があるだけでした。中にたくさんの仏像がひしめき合うように安置されていたそうです。段ボール箱に仏像の破片がたくさん詰め込まれていて、地元の人々にとっては「いつもあるやつ」程度で重要視されていなかったんだとか。

ある時、おじいちゃんたちの焚《た》き火《び》用の木材として燃やされそうにもなっていました。平安時代の仏像の一部だと知らなかったのですから、仕方ないですよね。伊豆の仏像を研究する先生が調査に訪れた時、平安時代の立派な仏像の破片だということが判明し、慌てて引き止めたのだそうです。あっぶないところでしたね。この奇跡のような再発見ストーリーはびっくりですよ。河津平安の仏像展示館でお話しした職員のおじいちゃんが「まさかこんなすごいもんと知らなかったからさ〜」と、当時の思い出を語ってくれたのは、今度は私の思い出になりました。

南禅寺はＪＲ河津駅から歩いて約25分。急な坂の上にあるので登る時は気合が必要です。坂の下に置いてある杖を借りて一生懸命登ってください。今は小さな土地ですが、調査によれば、平安時代には大寺院があったといいます。急な坂を踏み締めながらかつての大寺院の姿を妄想すれば、楽しく登れること間違いなし。

南禅寺の仏像が、研究者によってその価値が再発見されたように、地元の人たちにとって身近すぎるあまり、その貴重さに気づかない、というのはよくあることです。「うちの地元、何もないんだよね」と嘆く人は多いですが、そんな場所でも、実はすごい「地域国宝」が眠っているかもしれませんよ！

充実したメンバー構成で迎えてくれる

# 普門寺　抱き邪鬼

## ◎平安時代を「抱っこ」できる⁉

愛知県豊橋市と静岡県浜松市との境にある、のどかなエリアに素晴らしい仏像が高密度でいらっしゃるお寺が存在します。

ＪＲ新所原駅《しんじょはらえき》で下車し、車で田園風景の中を走っていると、峰が船底の形をした船形山という山が見えてきます。そこの麓から参道が始まるのが、船形山普門寺です。平安時代に聖武天皇の勅願によって行基が開山したといわれ、かつては一つの小学校の学区一つ分くらいある、巨大な寺院だったようです。今はそこまで広大な境内ではありませんが、かつての大きさを物語るのは……もちろん仏像です。はい。

では、普門寺《ふもんじ》のメンバーを紹介します。平安時代生まれ、伝釈迦如来坐像アンド阿弥陀如来坐像！　同じく平安時代生まれの四天王立像！　それより少し後輩の不動明王立像アンド二童子！　本堂には平安時代生まれでご本尊の秘仏聖観音菩薩立像！　さらに江戸時

◆寺院名＆仏像名：普門寺　抱き邪鬼・その他仏像群
◆宗派：高野山真言宗
◆時代：平安～鎌倉
◆エリア：愛知県豊橋市

代生まれ、仁王門に立つ像高約2メートルのナイスな二王像と、まだまだいらっしゃいます。仏像密度がすごいのです。

　伝釈迦如来坐像と阿弥陀如来坐像は、それぞれ像高約1メートル40センチの立派なお体。普段、収蔵庫では壁面の展示なので前からしか拝観できないのですが、ある展覧会で背中を見たら、お尻ががっしりと分厚く、丸かったのです！　後ろ姿まで抜かりないのね！　お父さんのような、肩幅が広く分厚い背中に、ピトッと寄り添いたくなりました。

　四天王立像は、それぞれ像高約1メートル70～80センチ、皆様いい動きをしています。演舞をしているかのようなポージング。マネしてみると結構いい運動になりますよ。筋骨隆々のボディに鎧《よろい》と武器をまとって動いている姿は恐ろしくて、像高以上の大男に見えます。収蔵庫で四天王像を拝観する時、いろんな角度に配置されたライトを、ご住職がパチ、パチ、と点けたり消したりして、光の当たり方で表情が違うことを教えてくれました。パチ、というスイッチ音の色気のなさと、照らされる四天王像の迫力と、ギャップがよかったです。

　不動明王立像はかわいいです。ウインクしているみたいに左眼をギュッとつむっています。丸い瞳と顎《あご》、頬は、子どもが一生懸命に威嚇しているみたい。ただ身長が源頼朝と同じ（1メートル60センチ）という伝承があるので、侮《あなど》ってはいけません。こちらも住職が

**おまけメモ**

普門寺の文化財：伝釈迦如来坐像、阿弥陀如来坐像、四天王像の６体は重要文化財に指定される。他にも平安時代の銅製の経筒と同じく、平安時代の銅鏡も国の重要文化財。不動明王像と二童子像は愛知県の指定文化財。

ライトをパチパチいじって、足元から像を照らしてくれました。不動明王様が下から照らされると、怖くてギョッとしました。「かわいい」と舐めた発言をしたことを猛省。

そして普門寺一番のアイドルを紹介します！　抱っこできる邪鬼、「抱き邪鬼」です。全国の仏像ファンが抱く「あわよくば邪鬼を抱っこしてみたい！」という夢をここで叶えることができます。

仏像の足元に踏みつけられている獣をご覧になったこと、あります……よね？　あれが邪鬼です。平安時代に造られた普門寺の邪鬼は、傷みが激しく、上に乗っていたはずの天部像が一部しか残っていないので、文化財に指定されませんでした。そのため取扱いに規制がかからず「じゃあ、抱っこしちゃおう！」というアイデアが採用されたそうです。抱っこしても傷まないよう、特殊な処理も施したという本気っぷりです。

実際に抱っこしてみてびっくり。赤ん坊を抱きしめた時のような慈しみの心がむくむくと湧き上がってきます。胸に抱いてちょうどいい大きさと重みと丸み。クリクリの目が動物っぽく、じっと見つめると愛しさが増します。何だか温かい気さえしてきます。なんといってもこの邪鬼は平安時代の仏像なんです！　この胸に平安時代を抱けるという尊さ。

普門寺の良さは、高い仏密度に、住職のアイデアがかけ合わさって生まれた、唯一無二のものなんですね。

**おまけメモ**

邪鬼：もともと悪さをしていた鬼が、改心して四天王様の役に立とう！　と自ら踏まれに行っているもの。役割を全うするためにムギュ〜と潰された表情を大袈裟に演じている。実は喜んでお仕事をしている姿なのだ。

# 信州長谷寺　十一面観音菩薩立像

## ◎観音様の慈悲と夫の信仰心が生んだ奇跡の物語

信州（長野県）の長谷寺には、通称「人肌観音」と呼ばれる秘仏の観音様がいらっしゃいます。「人肌って、人間の皮膚が貼りついているとか？」と初めは焦りましたが、違いました。「家を去った妻が残していった左腕が、観音様像の失われた左腕とぴったり合って、妻の肌の温もりをいまだに感じることができる観音様像」のことでした。

「予想より怖い～」と思ったあなたへ。ちゃんとご説明します。人肌観音の真相は、決して怖い話ではなく、観音様の慈悲や功徳と夫の篤い信仰心が生んだ、奇跡のストーリーなんです。

時は飛鳥時代、白助《しらすけ》という貧しくも信心深い男が信州で暮らしていました。幼い頃に両親を亡くした白助は、千日間、毎日両親を供養し、ついには遠く離れた奈良県の長谷の山

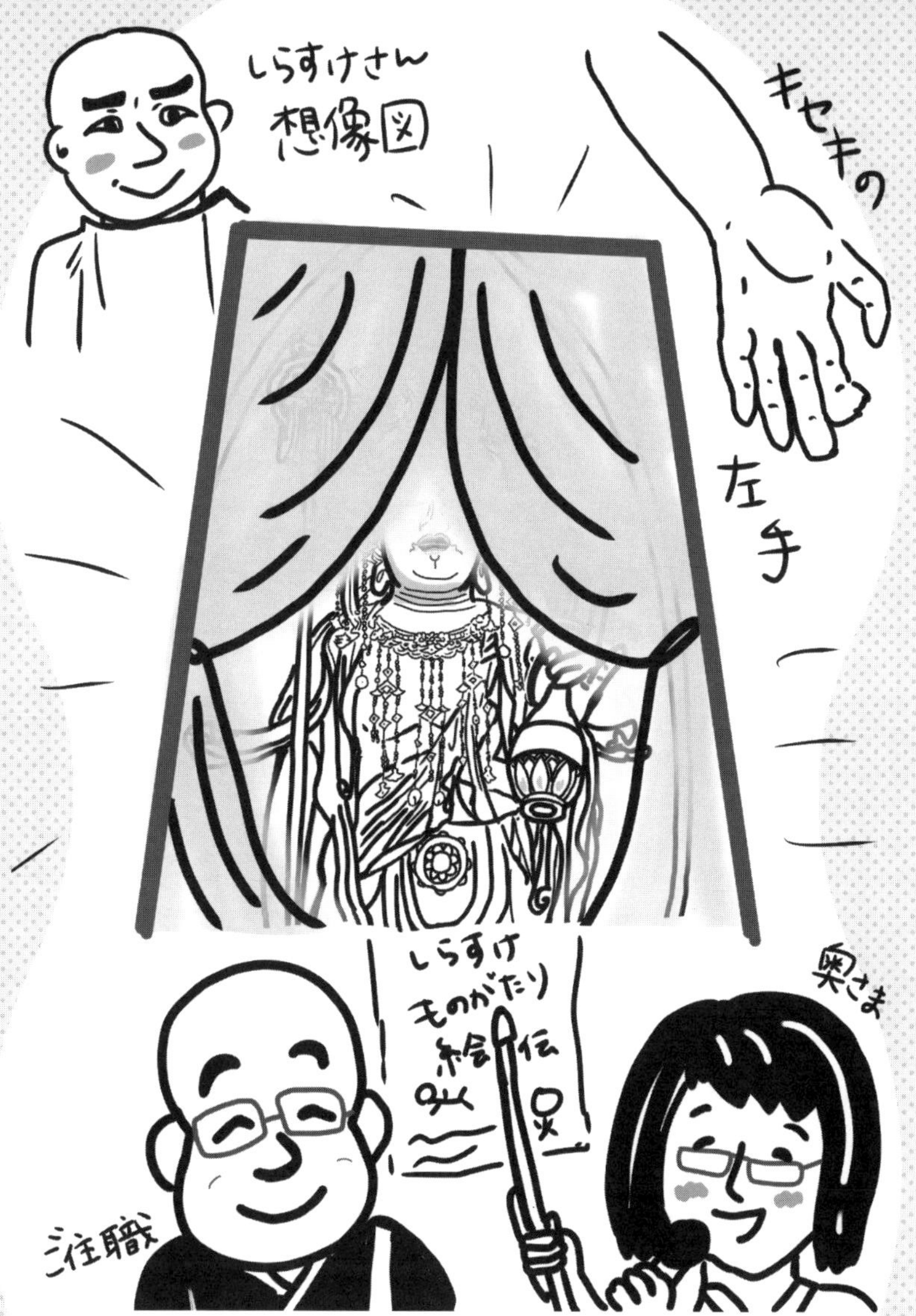


◆寺院名＆仏像名：信州長谷寺　十一面観音菩薩立像
◆宗派：真言宗智山派
◆時代：平安
◆エリア：長野県長野市

まで祈りに行きました。

　すると夢に十一面観音が現れ「明日出会う女性と結婚しなさい」と告げられました。次の日、本当にたいそう魅力的な女性と出会い、結婚（なんちゅう奇跡だ）。信州に戻り暮らしていると、妻の魅力によって領主とのいざこざが発生した末に、大金を手にします（どういう状況!?）。白助は「十一面観音様のおかげだ」とそのお金で、かつて夢に出てきた十一面観音様を彫り、寺を建て、祀りました（そのお寺が現在の信州長谷寺です）。

　しかし、ある日、お像の左腕がなくなっていたのです。驚く白助に、妻が突然「私は奈良にある長谷寺の土地の神、瀧蔵権現《たきくらごんげん》。大聖観世音の使いとしてここにきていた。お前の願いはもう叶った。私は奈良に帰ってからも、常にお前の山にも守護の光を向ける。後の世のために、私の形見として手を留め残そう」と言って、天に昇って行きました（え、え、あまりの急展開〜）。

　そして妻の大切にしていた手箱を開けると、そこには芳《かぐわ》しい香りとともに妻の左腕が残されていたのです（衝撃！）。さらに7日後、左腕は金色に変わり、光っていました。そこで、妻の左腕を、紛失していた観音像の同じ部分にあてがってみたところ……サイズぴったり！　シンデレラフィット！　その後、観音様のおかげで長谷寺は栄え、今なお、お像の左腕には人肌のような温もりがあるといいます。

おまけメモ

シラスケ物語：本書ではかなり端折ってお伝えしているので、ぜひ長編版を「金峯山　長谷寺」のＨＰからご一読いただきたい。この壮大な物語は鎌倉時代編さんの奈良の長谷寺の霊験を集めた説話集の下巻の冒頭に出てくるそう。

つまり人肌観音とは、観音様であった妻の温もりが伝わってくる観音像のこと。もっというなら、観音菩薩の慈悲がまるで生きているかのように感じられるほど尊い観音像、という意味なのでした。驚き連続の展開ですが、白助さんの信心がここまでの奇跡を起こしたのだと納得できます。

人肌観音、もとい十一面観音菩薩立像（信州さらしな長谷観音）は6年に一度のご開帳（寅年・申年）。これに合わせて「白助物語絵伝」の掛け軸も公開され、お寺の奥様による絵解きが行われます。この絵解きがまぁ〜面白いのですよ。情緒たっぷりの語り口に、白助物語の世界にどっぷり引き込まれました。

そしていざ人肌観音の御前へ。住職が「観音像と結ばれた五鈷杵《ごこしょ》（五色の紐）に触れると観音様に触れたことになります」とご丁寧に説明してくださいました。この時の住職も柔らかさと温もりに満ちあふれたお人柄を感じさせ、胸が打たれるほどでした。そして、肝心の人肌観音様のお姿は……、実はほとんど覚えていないのです。

とにかく御手がムチムチで美しかった記憶がありますし、金に輝いていた気がするし、踏み出すように片足を曲げていた気もします。ただ…、ご尊像のディティールはほとんど覚えていないです。ごめんなさい。でも、「めっちゃすごい観音様に出会った！」という感

**おまけメモ**

**絵解き：人生史がシーンごとに描かれた大きな掛け軸を、指差しながら順を追ってエピソードを紹介してくれるもの。聖徳太子絵伝、親鸞聖人絵伝、などさまざまな人生史が絵になっている。**

動は間違いなくあります。間違いなく。私はこのご開帳で、仏像って見た目じゃないんだ！　と強烈に食らってしまいました。

　私は仏像のビジュアルが好きです。仏の心を伝えるために、そういう形を取っているのだから、ビジュアルに喜ぶことは悪いことではないと思います。だからこの本ではそこを語っていますが、きっと仏像って、最悪、見えなくてもいいのだなと思います。

　その代わりに、長谷寺のように結縁、仏様のストーリー、それを力を込めて解き伝えてくれること、お寺での人との出会い、など全てが織り込まれることで、「仏」の存在をめいっぱい感じ取れるのじゃないでしょうか。

　本当は長谷寺でもガッツリ仏様を見ているはずなんですけどね。ディティールを忘れてしまったことを棚に上げて、良いようにいっています。お像の見た目は忘れても参拝した体験は忘れられません。次は厨子が閉じている時にあえて行ってみたいです。見えない観音様にもう一度出会いたいのです！

おまけメモ

善光寺と長谷寺のご開帳：本来2021年（丑年）だったはずの善光寺お前立ご本尊のご開帳が、コロナ禍で1年後ろ倒しになり、たまたま更科観音長谷寺のご開帳（寅年）と同年に開催されるという奇跡が起きた。

# 第10章

# ほとけになった素敵な人

生前の姿に最も近い

# 甲斐善光寺　頼朝・実朝坐像

## ◎妄想広がるよりさね親子の肖像彫刻

私は肖像の彫刻が好きです。お像を見ながら、歴史上の人物について「この人はどういう性格で、なぜその行動を取ったのか」と自分流の大河ドラマを妄想するのが大好き。肖像彫刻の多くは、単にモデルに似ているだけでなく、性格や生き様、深い内面が滲《にじ》み出るようなものが多いです。だから私の脳内で、彼らはイキイキと動き出します。

今回は日本で初めて武家政権を確立した男、鎌倉幕府初代将軍の源　頼朝《みなもとのよりとも》、その次男の源　実朝《みなもとのさねとも》の彫像を紹介します。

この親子の像は、山梨県甲府市の甲斐善光寺にいます。１５５３年から始まった川中島合戦の戦火で、信州の善光寺の寺宝が焼けるのを恐れた戦国大名の武田信玄は、自身の甲斐国に全て移すことを決断。その寺宝を納めるお寺として甲斐善光寺が開かれました。

信州善光寺は６４２年創建と伝わる古寺で、歴代の武将からの信仰も厚いお寺。１１７

**おまけメモ**

肖像彫刻：日本最古の例は唐招提寺 鑑真和上像（P220）。鎌倉時代以降、師匠への礼拝を重んじる禅宗では、高僧の姿を象った「頂相（ちんそう）」彫刻が多く造られる。

◆ 寺院名＆仏像名：甲斐善光寺
源頼朝坐像・源実朝坐像
◆ 宗派：浄土宗
◆ 時代：鎌倉
◆ エリア：山梨県甲府市

9年に伽藍が全焼する被害に遭いましたが、源頼朝をはじめ鎌倉幕府が善光寺再建の強力なスポンサーになりました。それを称えるためにのちに彫られたのが、源頼朝・頼家《よりいえ》・実朝の源氏三代将軍の像。これらを戦国時代に武田信玄が甲斐国に運んだわけです（残念ながら長男の頼家像は亡失）。戦国武将の憧れの的だった源頼朝の像が、戦国最強の男である武田信玄のお膝元に祀られるという巡り合わせなんですね。

頼朝・実朝像は鎌倉時代の作で、現存する両者の彫刻として日本最古。頼朝像は、像内体部に記された銘文によると、体部は1319年に造られたもののようですが、頭部はそれよりだいぶ古いらしい。実朝像は頭も体も実朝本人が亡くなってすぐの頃の作と考えられ、2体ともそれぞれのお顔は本人が生きていた頃をよく写しているんだろう、といわれています。

では、ここからは、頼朝・実朝像を眺めて妄想を繰り広げます。

頼朝像は、めちゃくちゃ困り顔です。イケメンだと思っていたので、初めて見た時は拍子抜けしました。嘘でも良いからもっとイケメンに造ってもよかったのに、と思いますが、みんなが頼朝の顔を覚えている頃に造ったのだから、本当にこんな顔だったのでしょう。

下がり眉、三角の目、口角も下がった困り顔なのに、なんだか怖い。きっとこの人は自分の手は汚さずに人を動かす天才なんだろうな。自分勝手な坂東武者《ばんどうむしゃ》たちのいざこざを見

**おまけメモ**

源頼朝の肖像：これまで神護寺に伝わる肖像画が源頼朝像だと長いこといわれていたが、近年は別の人だとする説がある。今は最も生前の姿に近い甲斐善光寺の姿が、頼朝の人相の参考として使われることが多くなっている。

つめながら「さて、こいつらをどう動かそうか？」と考えていそう。混沌とした時代を勝ち抜いた黒幕……人間を冷静に見極めたクレバーな男という感じですね。顎《あご》が張って、鼻の存在感が強い。この大きな鼻は、きっと頑固で意志の強い人なんじゃないかな。食事も嫌いなものは黙って残すタイプでしょう。顎が張っているのは、武術にも優れた感じがします。そこはかとなく皇族の血筋という品格も感じられるからすごいです。

一方、実朝像は、優しそう〜、ケンカ苦手そう〜、和歌が好きそう〜。卵型のお顔はいかにも貴族。実朝さん、絶対、色白のモチ肌でしたよ。一重の優しい目に、おちょぼ口、平仮名の「し」を描いたような鼻です。父の頼朝とは雰囲気はまるで逆ですね。頼朝の進撃で始まった武家による新時代ですが、早々に亡くなってしまった頼朝、同じく志半ばで失脚した兄の頼家、そうした環境が生んだ幕府の歪みをなんとか正そうとしたのが実朝なのではないでしょうか。平和を愛して京都に憧れた将軍という評判に、この像を見て納得です。都人ともなじめる、愛され役だったはず。字も上手に違いない。実朝が鎌倉幕府の立役者なのかもしれません。

２０２０年にご両人とも欠損していた玉眼が新たにはめられ、お顔に精気がよみがえっています。よりさね親子に会いに行ってみてください。皆さんはどんな性格のよりさねを妄想しますか？

おまけメモ

**実朝像の調査：2020年の調査で、暗殺された3年後（1222年頃）に伐採された木を使っていることが判明。木材の伐採された年代が推定できる技術がすごいし、その結果が文献資料の年代と合致するというのもすごい。**

弟子たちの鑑真愛が育んだ超リアルな肖像

# 唐招提寺　鑑真和上坐像

## ◎失明しながらも日本の仏教のために尽くした異国の偉人

鑑真。一度はその名を聞いたことがあると思います。「奈良時代に中国から日本にやってきて、戒律を伝えたお坊さん」くらいまでは覚えていますか？　６度の来日に挑戦している間に失明した、というエピソードも有名ですね。

戒律とは僧侶が守るべきルールのことで、お坊さんは修行ののち戒律を授かるという儀式をしないと公式に僧侶とは名乗れません。しかし１３００年前、日本に仏教は伝わっていても、戒律を授けられる僧侶がいませんでした。たとえるなら、車を運転する技術も知識もあるのに、免許センターがないからみんな無免許運転、みたいな状態です。これはまずい。そこで、日本に戒律を伝えてくれる人材として白羽の矢が立ったのが鑑真さん。

鑑真さんは６８８年に中国・唐の揚州《ようしゅう》で生まれ、14歳で出家。26歳では〝江南第一の大師〟といわれるほど有名なお坊さんでした。日本の要請を受けた時、鑑真は55歳。弟子も

おまけメモ

鑑真和上坐像の本物：唐招提寺の伽藍を全て見渡すようなところに位置する開山堂（かいさんどう）に祀られていたが、現在は御影堂（みえどう）へ移動された。

# 毛の1本1本まで逃さない。

# 弟子のキモチがここに。

- 寺院名＆仏像名：唐招提寺　鑑真和上坐像
- 宗派：律宗
- 時代：奈良
- エリア：奈良県奈良市

嫌がるくらい日本に行くのは大変だったのに、ダチョウ倶楽部さんよろしく「じゃあ私が行くよ」と渡日を決意！　12年間で5回も渡航に失敗し、やっと日本の土を踏んだのは６度目。しかも船が着いたのは屋久島で、奈良に着いたのが７５４年、鑑真67歳！　度重なる苦労で両目も不自由になっていました。それでもなお、日本に戒律を伝えようとしたそのバイタリティがえぐいです。来日後は僧侶免許センターともいえる「戒壇院」を三つ設立。そのうちの一つ、東大寺では４００人もの僧侶に戒律を授けました。

　そんな波乱の人生の、まさに最期の姿を象《かたど》ったのが唐招提寺《とうしょうだいじ》の鑑真和上坐像です。でも、１２５０年くらい前に造られた鑑真和上坐像は秘仏で、年一度のご開帳でしか拝観できません。なので私はいつでも拝める「鑑真大和上お身代わり像」という模像を何度も拝観してきました。その印象を交えてお話しします。「なんだ模像か」と侮《あなど》ってはいけません。このお像は、２０１３年に造像当時の工程を再現しながら造ったものです。造像工程ごと真似ることで、当時の技術を研究し、隠された思いを考察することができます。だから、お身代わり像は本物そっくりで、ちゃんと尊いのです。

　鑑真和上坐像の第一印象は、ガタイが良い！　きっと屈強な男だったに違いないです。眉間《みけん》にシワが寄って、四角いお顔、首筋が張っている、緊張感のある造像です。間近でよ～く見ると、まつ毛や毛穴、無精髭《ぶしょうひげ》が描かれているんです！　なんと耳毛まで！　白髪

おまけメモ

瞑想している鑑真の姿を像にした理由：弟子の忍基が唐招提寺の講堂の梁（はり）が折れる夢を見て、師の死期が迫っていると察知したから。なんとカンのいい人だこと。これも修行の成果なのか。

交じりで！　リアルすぎる……。なぜこんなにリアルなのかというと、763年、瞑想をしながら亡くなった鑑真さんを見ながら造ったからです。

像高は80センチ強、脱活乾漆《だっかつかんしつ》造り。弟子の忍基《にんき》が中心となって制作を指導したといわれます。鑑真さんの姿を見ながら造っているわけですからね、鑑真本人は「視線感じるわぁ。忍基、ワシのナンカ造ってるわぁ」と目が見えない身で思っていたかもしれません。ちなみに、これが日本で最古の肖像彫刻です。だから鑑真和上像のリアルさには、弟子たちが鑑真の姿と教えを後世に遺すための必死さと、とんでもない鑑真愛を感じます。「我々のことをずっと見守っていてください！」という師匠愛ですね。

鑑真さんはエネルギッシュな人だったんじゃないかなぁ。言葉にも力があって、時に冗談も言って、ものすごい求心力があったのではと思います。日本に戒律を正式に伝播しなくてはと使命感に燃えた男だったのだろうなぁと。マジかっこいい……。

鑑真さんは亡くなる76歳まで唐招提寺で過ごし、その間、仏教や薬草の知識も教えたと伝わります。唐招提寺の伽藍《がらん》は、金堂と講堂、納められている仏像など1250年前の当時のものが今も使われています。もちろん仏教の教えも。

この奇跡を思うと、唐招提寺に今も鑑真さんは生きている！　と感じられて仕方ありません。鑑真さんよ、永遠に！

**おまけメモ**

日本最古の肖像彫刻：それまで日本には肖像彫刻を造る風習がなかった。唐から来た僧侶集団だからこそ生まれたもの。中国には高僧の亡骸に漆を塗って固める像（肉身乾漆像）があることも関連しているのではといわれている。

十人十色！　世界的仏教ユニット

# 大報恩寺　十大弟子

## ◎今動いた？　と疑うほどリアルで個性ある10人

まるで命が宿っているかのような仏像……。応仁の乱の戦火を免れ、京都市内で最古の建築である、鎌倉時代中期に建立した本堂を持つ大報恩寺。通称千本釈迦堂と呼ばれるお寺の霊宝殿にいらっしゃる十大弟子像をご紹介します。

お像は全て1メートル弱ですが、並々ならぬ存在感があり、玉眼がらんらんと輝いています。彼らのすごいところは、ディズニーの『トイ・ストーリー』の人形たちのように、人が見ていない時に自由に動いてしゃべっているのでは!?　と思うほどリアルな造りをしているところです。十大弟子像は、13世紀、仏師快慶とその弟子が彫った名作です。目犍《もっけん》連《れん》立像と優婆離《うぱり》立像が快慶作、それ以外は快慶の弟子が彫りました。

「十大弟子」とは、約２５００年前にお釈迦様が生きていた頃の直弟子であり、特に卓越した10人のことを指します。「たけし軍団」にたとえると、ガダルカナル・タカさん、つ

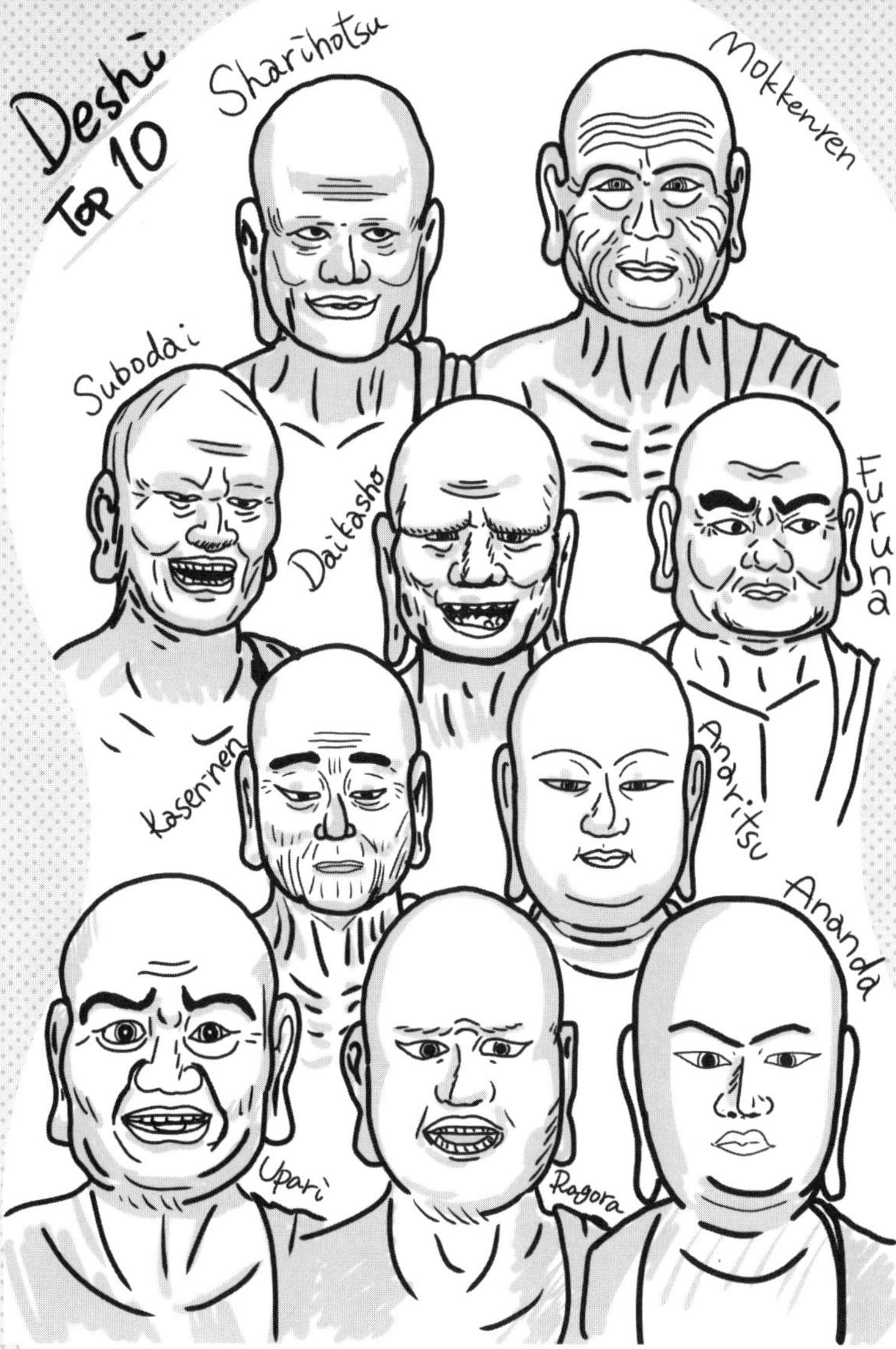


- ◆寺院名＆仏像名：大報恩寺　十大弟子
- ◆宗派：真言宗智山派
- ◆時代：鎌倉
- ◆エリア：京都府京都市

まみ枝豆さん、ラッシャー板前さん、ダンカンさん……のような感じでしょうか。

　また、それぞれ悟りの得意ジャンルが決まっています。例えば早い段階からお釈迦様の弟子になった年配のメンバーである目犍連は「神通第一」。超能力を使うのが一番ということです。ある日、目犍連は神通力で亡くなったお母さんが地獄に落ちてしまったのを目撃しました。その母を救うために行った法要が、亡き人に追善供養をするという行事、お盆に結びつきました。目犍連の超能力がお盆の起源なんです。

　このように10人分の得意ジャンル、年齢、バックグラウンド、などさまざまなエピソードが経典に残されています。古くからお寺では十大弟子が造られましたが、特に千本釈迦堂の十大弟子像はエピソードに沿ったキャラクターが見事に描き分けられた優作。個性が爆発した賑やか～な10人組だと思います。この10人のYouTubeチャンネルがあったら絶対面白いと思います。仏教系エンタメ集団、すぐ登録者数１００万人いくんだろうな……。

　私はかつて千本釈迦堂の十大弟子の全員になりきったことがあります。２０１８年の東京国立博物館の特別展「京都　大報恩寺　快慶・定慶のみほとけ」のＰＲとして、主催の新聞社のサポートのもと10人に変身してみたのですが、とても大変でした。

　やはり10人それぞれの個性の違いがかなり大きく、非常に苦労しました。顔、ポーズ、筋肉のつき方、痩せ方、着ている物などなど、全ての要素が、それぞれのキャラクターを

**おまけメモ**

追善供養：亡くなった方へ、お経を上げたり塔を立てたりして、追って供養をすること。おかげで亡き人が地獄から助けられたり、生きている人にも功徳が回ったり、いいことがある。

強調する特徴になっています。

特に快慶が彫った目犍連は、難しかった。彫りが深くてガリガリ、シワシワ、でも眼だけはギラッと生気に満ちていて鋭い。一度睨まれたら「すみません……」とシュンとなるくらいまっすぐな瞳です。この目をした人は、神通力があるに違いないですよ。私は顔にシワシワの線をペンで描きまくり、大物俳優を想像しながらギャッと目を見開きました。

舎利弗《しゃりほつ》は智慧第一の頭のいい人。だからか、頭の先が出っ張っています。脳みそが多いんです。頭にかぶるストッキングにティッシュを詰めて大きく見せました。

迦旃延《かせんねん》は、市役所の職員をイメージしました。それも住民課です。なんだかものすごい数の事務作業を淡々とこなせそうな生真面目さと実直さを感じたからです。

このような具合で10人全員の仏像なりきりを実行。基本的にストッキングとカーテンだけでほぼ完成するはずだったのですが、メイクと小道具が増えて大変でした。一人ひとりと向き合うのは幸せな時間でもあったけど。

この経験を踏まえて思うのは、快慶のプロデュース能力はすごい！　天才だ！　10人の個性を最大限に引き出し、まとめ上げる力も素晴らしい。この10人で仏教系エンタメユニットにして世界デビューさせたら……そんな妄想が広がりました。

初恋にして最愛の「推し」

# 六波羅蜜寺　空也上人像

## ◎生き様を物語る六つの小さい仏が尊い

ついに空也《くうや》上人像について語らせていただきます。「ついに」というのは、この本を書きながら、空也上人像の話は最後までとっておいたからです。裏事情ですみません。しかも、他のよりページ数も増やしてもらいました。なぜなら、空也上人像は私の最も推している仏像だからです。どうか最後までおつき合いください。

空也上人は平安時代の中期に活躍した僧侶。六波羅蜜寺の空也上人の肖像彫刻は、後の鎌倉時代に運慶の四男康勝《こうしょう》が彫りました。僧侶の彫刻としては珍しく、立って歩く姿。しかも口から小さい仏像が六つピュ～ッと出ています。これが彼のチャームポイントですね。町の人へ「南無阿弥陀仏《なむあみだぶつ》」と唱えて歩き回ったシーンを、言葉1文字ずつを仏様にして表

◆寺院名＆仏像名：六波羅蜜寺　空也上人像
◆宗派：真言宗智山派
◆時代：鎌倉
◆エリア：京都府京都市

現しているものです。また、鹿の角がついた杖、首から下げた鉦《かね》を右手で持つ撞木《しゅもく》で叩こうとしているポーズも個性的。裸足に近いような足元、ボロボロの衣、切なげな表情など細部の表現がとてもリアルに彫られているのが特徴です。歴史の教科書やメディアで一度は見たことありますよね？

では、こんな姿で表される空也上人とは、一体どんな人物だったのか……。彼は荒《すさ》ぶ町に現れ民衆救済に生涯をかけた、市井のヒーローなんです！

時は平安時代、９０３年、空也さんの出自ははっきりしていませんが、一説には醍醐天皇の子どもか？　なんらかの高貴な生まれでは？　ともいわれています。若い頃から在家の修行者として全国を歩いて、亡骸を見つければ集めて油をかけて燃やし、念仏を唱えて弔う、という集団に属しました。20代には尾張国の国分寺で出家をして、また全国の山々に修行、そして布教の旅。四国のある島では観音菩薩にも出会ったそうです。すごい。東は東北、西は中国・四国地方を歩いて巡るんだから、すごい移動距離です。もちろん都のお寺でも修行をしています。京都の神護寺（Ｐ１６０）や奈良の興福寺（Ｐ18）ではよく勉強なさったそうです。

**おまけメモ**

空也の杖：空也上人の持っている鹿の角の杖は、仲良くしていた鹿が、ある猟師に殺されてしまったことにたいそう悲しんで、鹿の角をもらって杖にして、生涯大切にしたもの。杖の下の方には「蓮の蕾」が彫られている。

空也さんが30代で京都に戻る頃、京都を中心にひどい疫病が流行します。地震もあって、天候も悪かった。すると平安京を取り巻く京都では、庶民が一気に貧しくなり、飢えや病気になって、道々で亡くなっていくのが当たり前のような町になってしまいました。みんなが明日も生きていられるか、不安に苛《さいな》まれた恐ろしい時代だったのです。

そこで空也さんは立ち上がります。まず、社会的な事業を実践しました。井戸を掘り、新鮮で清潔な水を供給し、汚染された井戸は閉じました。続いて遺体を火葬。それまで道端で腐敗していた亡骸を生活圏から除《の》けることで、病原菌による伝染を防ぎました。全国を歩いた修行の賜物か、当時すでに「清潔」「病原菌」「感染」みたいな衛生観念をお持ちだったみたいですごいです。

続いて体と心に栄養を与えました。体への栄養として梅昆布茶を煎じて与えました。飲み水もままならない人にとって清潔で、ミネラルの含まれるお茶はどれほどの恵みだったでしょう。托鉢をして少しでも食べ物が手に入ったら病人に分け与えました。

心への栄養として、自ら観音像を彫って手押し車に乗せ、お念仏を唱えて町中を歩きました。そう、お念仏です。「ナムアミダブツ」と念仏を唱えることで救われる、という非常にシンプルな教えを実践しながら広めたのです。当時はまだ仏教は貴族のもので、庶民

**おまけメモ**

鹿の皮の衣：右で説明した、空也上人と仲良しだった鹿の皮は、衣にして着用している。衣がゴワゴワと硬そうなのは鹿の皮だからだ。また、鹿を殺してしまった猟師平定盛は空也の話を聞いて改心し、出家してお寺を開いた。

にとっては馴染みのない難しい教え。「死んだらどうなるの」という恐怖と日々戦う人のために、空也上人自らが彫った十一面観音を車に乗せて歩いたので、誰でもお像に手を合わせられました。しかも、カンカンカン、と胸につけた鉦を鳴らし、とても簡単なフレーズで極楽浄土の救済を教えてくれる！　人々は絶望せずにぐっすり眠れる日が増えたんじゃないでしょうか。

自らを「空也《からなり》」と名乗って、自分を捨て切って献身的に町を歩いている姿が、六波羅蜜寺の空也上人像なのです！　私は、この文章を書いている今、もう泣きそうです。なんて尊いお坊さんなんですか！

そして、康勝作の空也上人像は、リアリティと細部のこだわり、全体のすごみによって、そんな空也の生き様を全てで伝えてくれるようなのです。

私が初めて空也上人像と出会ったのは、高校の修学旅行の時でした（恋愛ドラマの始まりみたいな書き方になってしまって、スミマセン）。歴史の資料集に載っていた写真を見て「面白い仏像を見に行くぞ〜」くらいのテンションだったのに、いざ空也上人像を見上げた瞬間、稲妻に打たれたような気持ちになりました。

「なんてかっこいいんだ！」。空也上人像のあまりの必死さに胸を打たれたのでした。懸

**おまけメモ**

西光寺：空也上人はやがて、高貴な人から庶民まで幅広い人気を集め、鴨川の東岸の広大な敷地に600名の僧侶とともに「西光寺」というお寺を建てた。それが六波羅蜜寺の始まり。

命に何かを唱えている痩せこけた頬と、ぽうっと虚空を見つめる目線、渋い、渋すぎる。見上げる角度を変えると、目の中の水晶がライトを反射してキラリと光るではないですか！　泣いているのか？　苦しいのか？

小さい仏像が口から出てきている様子が何より尊く意味の深いところ。頬が持ち上がって大きな声を出しているようです。首の筋まで動きが連動し、顎《あご》を上げた様子は「念仏が届いてほしい……」という切実で必死な気概が伝わってきます！　六つの仏様が口から出ているのに違和感がない。説得力があります。

体もめっちゃ「く」の字に曲げて、立ち上がったばっかり、みたいなシワシワの衣。

さらに目線を下ろした時びっくりしたのが脚です。まるでマラソンランナー。砂埃がまとわりついているかのようなざらつき、雪駄はぼろぼろで足の指がはみ出るほど擦り切れている。まるで後づけされたような雪駄も、踵と一緒に一つの木から彫り出しているというから、彫刻のリアリティに目が離せなくなりました。こんな感動を、ものの数分で体にくらったわけですから、とんでもないことですよ。

この像を造ったのは運慶の四男康勝。なぜ３００年近く経ってから空也像が彫られたのかはっきりしていません。父運慶は仏像に現実感を吹き込んだ天才です。康勝は、その

**おまけメモ**

空也踊躍念仏：空也上人が広めた念仏の大変な人気に、政権からの弾圧が始まる。そんな中で、政権にバレないように踊りと節回しをつけて、「モーダーナンマイトー」と言葉を変えたのが始まり。

運慶の一門の中で若い頃から鍛えられ、この空也像も割と若い段階で彫ったのは間違いないそうです。若い康勝が父に挑もうとする執念すら感じられます。私の考察を語ってみると……、同じく鎌倉時代の空也上人像は全国に数点あるから、空也上人に対する信仰が盛り上がっていたのか？（でもみんな康勝の像より後）高僧の人物彫刻が増えた時代だったからか？　父運慶の六波羅蜜寺地蔵菩薩の制作に影響されて自身の腕試しとして挑戦したのか？　もしくは康勝が私と同じで強火の空也オタクだったか？（これが本当かも）

空也上人のすごいところは、これだけ新しいことをして影響力があったのに、宗派を作らなかったことです。空也上人の没後1年目には『空也誄《くうやるい》』という人生エピソードが詰まった書物が編纂されますが、それ以外はない。だから、康勝の空也上人像なしに空也上人の生き様をこうも生き生きと理解するのは、無理だったと思います。康勝さん、あなたすごいよ。ありがとう。

何度訪れても感動しちゃうのも空也上人像のいいところ。また会えて良かったなという安堵する時も、励まされて私はもっと頑張らなきゃと思う時や、今までの自分を省みる時も。きっと「空也《からなり》」、空っぽだからこそ、どんな人とも繋がりあえる余地があって、拝む人のいろいろな心に寄り添ってくれるんだと思います。

今、世界中の皆さんは日夜多くの問題に直面しています。災害、疫病の蔓延、政治の混乱、戦が絶えない、という現代。１０５０年前の空也上人が人々のために祈った時代と状況が重なります。きっと、今の皆さんの心にも、響くものがあると思います。六波羅蜜寺を一度訪れていただきたいと強く願います。南無〜。

# おわりに

私の初めての著書『みほとけの推しほとけ』、最後まで読んでいただき、ありがとうございます。どうですか？　仏像のことを好きになりましたか？　かく言う私が、この本の執筆を通じて、より一層仏像のことを好きになりました、ありがたや。

この本は、鎌倉国宝館長、半蔵門ミュージアム館長をお務めの、山本勉先生に監修していただきました。山本先生は日本彫刻史がご専門で、仏師運慶研究の第一人者です。仏像の研究史上の位置だけでなく、イラストの正確さなどに至るまでも、きめ細やかにチェックしていただき、間違いないように書くことができました。その先生のチェックの繊細で正確な様子は、まるで運慶仏の毛筋彫りのようでした。心からお礼を申し上げます。

またさかのぼると、私がアイドルとして路頭に迷っている時に、今の活動の礎となる助言をくださり「みほとけ」という名前を考案してくれたテレビプロデューサーの高橋（ＴＰ）さんのことも思い出します。的確で先見の明のある指導は、まるで勝林院の証拠の阿弥陀のようでした。心からお礼を申し上げます。

そして、これまで出会ったお寺関係者の皆様、オンラインコミュニティ「みほとけの寺子屋」の皆様、各ＳＮＳのフォロワーの皆様、浅井企画の岩田マネージャー、芸人仲間、家族、友人。たくさんの方の応援のお陰で、そして大原彩李加さんをはじめとする笠間書院の皆様にお世話いただいて、こんなに素敵な本を出版することができたのです。ありがとうございます！

いま私が仏像を拝観できているのは、今日まで仏像に祈りをささげ、仏像を見つめてくださった多くの皆様のおかげです。ただ、昨今の社会の少子高齢化や経済状況の悪化で、仏像を取り巻く環境もどんどん厳しくなってきていることも否定できません。私のこれからの活動が、願わくば巡りめぐって、仏像を取り巻く環境を改善できるように、仏像に出会う人々の幸せに繋がっていくように、精進してまいります。

私は今、この文章を中尊寺金色堂に向かう東北新幹線の中で書いています。東博で始まる中尊寺金色堂展の関係のお仕事です。今回も素敵な出会いになることは間違いありません。そのお話は『推しほとけ』の第2弾で是非ともさせてください。南無〜！

２０２４年１月

みほとけ

### 第５章　かわいい愛されほとけ

- 小島梯次［監修］『身延町なかとみ現代工業美術館 開館二十周年事業 生誕三百年 木喰展―故郷に還る、微笑み。―』2018年　身延町
- 田中ひろみ［著］『東京・鎌倉仏像めぐり』2017年　ウェッジ

### 第６章　アクロバティックなほとけ

- 奈良国立博物館［編］『特別展 大安寺のすべて―天平のみほとけと祈り―』2022年　奈良国立博物館・日本経済新聞社・NHKエンタープライズ近畿
- 奈良国立博物館［編］『特別展 奈良博三昧―至高の仏教美術コレクション―』2021年　奈良国立博物館・読売新聞社・NHK奈良放送局・NHKエンタープライズ近畿

### 第７章　大地が生んだほとけ

- 『隔週刊古寺行こう28　金峯山寺と吉野の名刹』（小学館ウィークリーブック）2023年　小学館

### 第８章　歴史ロマンあふれるほとけ

- 山本勉・みうらじゅん・ヤノベケンジ・橋本麻里［著］『運慶 リアルを超えた天才仏師』（とんぼの本）2012年　新潮社
- 横須賀美術館・神奈川県立金沢文庫［編］『運慶 鎌倉幕府と三浦一族』2022年　吉川弘文館
- 『週刊古寺をゆく18　建長寺・円覚寺』（小学館ウィークリーブック）2001年　小学館
- 飛鳥園・小川光三［著］『飛鳥』2014年　飛鳥園
- 貴田正子［著］『深大寺の白鳳仏―武蔵野にもたらされた奇跡の国宝』2021年　春秋社

### 第10章　ほとけになった素敵な人

- 東京国立博物館・読売新聞社［編］『特別展 京都大報恩寺 快慶・定慶のみほとけ』2018年　読売新聞社
- 東京国立博物館・朝日新聞社［編］『特別展 空也上人と六波羅蜜寺』2022年　朝日新聞社

### おわりに

- 東京国立博物館・NHK・NHKプロモーション［編］『建立900年 特別展 中尊寺金色堂』2024年　NHK・NHKプロモーション

# ◉ 主な参考文献 ◉


## 全般・序章

- 西村公朝・飛鳥園［著］『やさしい仏像の見方』（とんぼの本）1983 年　新潮社（改訂版 2015 年）
- 山本勉［著］『日本仏像史講義』（平凡社新書）2015 年　平凡社
- 山本勉［著］『新版 仏像 日本仏像史講義』（別冊太陽）2020 年　平凡社
- 山本勉［著］、川口澄子［イラスト］『完本 仏像のひみつ』2021 年　朝日出版社
- 各寺社の HP

## 第 1 章　やっぱり最高！有名すぎるほとけ

- エイ出版社編集部［編］『奈良傑作美仏大全』2019 年　エイ出版社
- 久野健［監修］、川尻祐治［編］『関東古寺の仏像』1976 年　芸艸堂
- 『薬師三尊 奈良・薬師寺金堂』（魅惑の仏像 5）2001 年　毎日新聞社

## 第 2 章　癒しと色気の美ほとけ

- 『如意輪観音 大阪・観心寺』（魅惑の仏像 15）2001 年　毎日新聞社
- 永島龍弘［著］『高野山真言宗遺跡本山 観心寺』観心寺（パンフレット）
- 『週刊古寺をゆく 31　西大寺・秋篠寺』（小学館ウィークリーブック）2001 年　小学館
- 東京国立博物館・奈良国立博物館・読売新聞社［編］『特別展 国宝 聖林寺十一面観音―三輪山信仰のみほとけ―』2021 年　読売新聞社
- 奈良国立博物館［編］『浄瑠璃寺九体阿弥陀修理完成記念 特別展 聖地 南山城―奈良と京都を結ぶ祈りの至宝―』2023 年　奈良国立博物館・日本経済新聞社・テレビ大阪
- 山崎しげ子［編］『南山城の古寺』2010 年　飛鳥園

## 第 3 章　ハートを射抜くイケメンほとけ

- エイ出版社編集部［編］『京都傑作美仏大全』2018 年　エイ出版社
- 『週刊古寺をゆく 17　浄瑠璃寺・岩船寺』（小学館ウィークリーブック）2001 年　小学館

## 第 4 章　ビジュアルが強いほとけ

- 東京国立博物館・真言宗御室派総本山仁和寺・読売新聞社［編］『仁和寺と御室派のみほとけ ―天平と真言密教の名宝―』2018 年　読売新聞社

**著者：みほとけ**

みほとけ/仏像大好き芸人。慶應義塾大学卒業。ミス鎌倉などの活動を経て、本名の「みほ」と大好きな「ほとけ」を掛けたみほとけの名で活動を開始。
ピン芸人としてクイズ番組や旅番組などのメディアへ出演する傍ら、自称「お寺・仏像研究家」として年間1000以上のお寺を訪れており、拝観した仏像は1万体を超える。尊敬するものに近づきたいという気持ちから自身を愛する仏に扮して表現する「仏像なりきり」をはじめ、寺院でのイベントやカルチャーセンターでの講演、美術館・博物館とのコラボ、自身がプロデュースする作務衣の発売など、仏像にまつわる活動を幅広く展開中。老若男女問わず、仏像の魅力を伝えている。

X：
@mihotoke_chan

Instagram：
https://www.instagram.com/mihotoke_chan/

YouTube：
みほとけちゃんねる

Shop：
みほとけ作務衣店

**監修：山本 勉**（やまもと・つとむ）

1953年、神奈川県生まれ。東京芸術大学美術学部卒業。同大学院博士後期課程中退。日本彫刻史専攻。鎌倉国宝館長、半蔵門ミュージアム館長、東京国立博物館名誉館員、清泉女子大学名誉教授。著書に『日本彫刻史基礎資料集成』鎌倉時代造像銘記篇（共編著、中央公論美術出版）、『鎌倉時代仏師列伝』（共著、吉川弘文館）、『完本　仏像のひみつ』（朝日出版社）、『日本仏像史講義』（平凡社新書）、『運慶大全』（監修、小学館）などがある。

# みほとけの
# 推しほとけ

令和6年（2024）4月5日　初版第1刷発行

著　者　みほとけ
監　修　山本勉
イラスト　みほとけ
発行者　池田圭子
発行所　笠間書院
〒101-0064
東京都千代田区神田猿楽町 2-2-3
電話：03-3295-1331
FAX：03-3294-0996
mail：info@kasamashoin.co.jp
https://kasamashoin.jp/

ISBN 978-4-305-71008-6　C0015


編集協力　吉田明乎
装幀・デザイン　藤塚尚子（etokumi）
図版・本文組版　キャップス
印刷／製本　大日本印刷